本書は、音読指導の方法を、イラストをたくさん使いながらわかりやすく紹介した本です。本書を読むと、音読指導に関するあらゆることを知ることができます。例えば、次のようなことです。

- 音読指導の意義
- 子ども達がやる気を出す音読指導の方法
- 音読を通して子ども達を育てる方法
- 具体的な音読指導の技術
- 明日からできる音読活動の方法
- 音読から黙読へと移行していく指導の方法
- 音読を基盤としながら朗読を指導する方法

に、注には論文の内容など理論的なことも載せてあります。音読指導に関しては、「これ1冊
!」という内容になっていると自負しています。
方が音読指導を愉しみ、子ども達を育て、「自分は音読指導に自信がある」と胸を張って言え
な一助に本書がなれれば幸甚です。

土居　正博

目次『イラストでよくわかる！　音読指導の新常識』

第1章　なぜ今、「音読指導」なのか？

第2章　○×でわかる！　音読指導の新常識

はじめに

私達教師は「音読」を重視し、毎日宿題に出していますし、学校でも読ませます。

しかし、子ども達の音読は年度初めと比べて時が経つにつれて上手になっているでしょうか。

そもそも、教師の中に、「子ども達にこういう音読をさせたい」という明確なビジョンはあるでしょうか。

子ども達の音読の声や読み方に、「これは紛れもなく音読指導の成果である」と言えるものは見られるでしょうか。

これらの問いにはっきり「はい」と言えない状況であることに気がついたのは、教師になって3年も経とうかという頃、意欲なく音読する子ども達の姿を見たことがきっかけでした。

私は、曲がりなりにも、大学院時代から国語科指導を専門としてきたのですが、当時の私は、大学院で研究してきた読解指導にばかり傾倒していて、読解の基礎ともなる音読指導を疎かにしていたのでした。

それからというもの、私は、音読指導に関して実践研究を積み重ねてきました。子ども達の姿は見違えるまでになり、意欲的に音読に取り組む子が増えました。

保護者からは、「今年は家で取り組む音読の声が、『どうした⁉』と言うほど違います」というお声をいただくまでになりました。

イラストでよくわかる！

音読指導の新常識

土居正博

学陽書房

第3章

これだけはおさえたい音読指導 基礎編——音読三原則

第4章 さらに力を伸ばす音読指導 発展編――暗唱、黙読、朗読

第5章 授業でできる音読活動

第1章

なぜ今、「音読指導」なのか？

1

音読指導を始めたら、子どもたちが激変！

小学校において出されることが多い宿題といえば、漢字と並んで音読が挙げられるでしょう。

おそらく、この本をお読みの先生方を含めて、日本全国の小学校の教師で音読を宿題に出したことはないという教師はほとんどゼロに近いでしょう。

それだけ、特に小学校において音読は「重視」されています。

ところが、しっかり「指導している」かといえば、「そうではない」と言わざるを得ないと私は考えています。国語の授業時間中に子ども達に音読をさせていればまだよい方で、音読は宿題にして家で読ませるだけで、授業では読解だけしかやらないという先生も多いのではないでしょうか。

そして、何を隠そう、私自身が音読指導を全然していませんでした。

初任者時代から、音読を宿題にしていましたが、それは周りの先輩方がそうしていたのを真似しただけであり、そこまで音読を重要視していませんでした。

私は大学院時代から「読むこと」の指導法や学力について研究してきました。小学校の教壇に立ってからは、いかに子ども達の読みを深めるか、ということばかり考えてきました。そのため、高度かつ子ども達が興味を持てるような学習課題や発問を開発することに力を注いできました。

例えば、説明文では、書かれている文章内容を読み取って終わりではなく、筆者がどのような説明の工夫をしているか、筆者の主張に対する自分の意見を考えさせ、議論させていました。子ども達は、確かによく考え、読みを深めているように見えました。小学生でこれだけ深く読めれば素晴らしい、と私は思っていました。

しかし、市販テストで間違える子が思いのほか多かったのです。ご存じの通り、国語の市販テストでは、基本的に「書いてあること」がそのまま問題で尋ねられます。私は、子ども達があれだけ高度な発問で深く考えられるようになっていたので、市販テストの簡単な問題は当然できるだろうと高をくくっていました。もちろん、学力が高い子は当然のように市販テストもできました。ところが、そうではない子達は、私が思っている以上に市販テストで点を落としていました。（注１）

これは、私が求めていた筆者の意図を読み取るなどの深い読み以前に、文章内容を読み取ることができていなかったということを表しています。

私はショックを受けました。しっかりと内容を読み取れてもいない子ども達に見合っていない高度なことを求めたために、子ども達に力をつけさせることができていなかったのです。

本来、文章内容を読み取れた上で、筆者の説明の工夫を考えたり、筆者の主張に対して自分の考えを持ったりすべきです。文章内容を読み取れてもいないのに、そんなことを考えさせても、砂上の楼閣を築くようなものです。文章内容を読み違えているのに、筆者に対して意見を持って時には批判するなど「勘違い」もいいところです。私は、自分の実践を振り返ってみました。

すると、子ども達にほとんど音読指導をしていなかったことに気づきました。１年中、「読むこと」

の単元において、先ほど述べたような高度な読解ばかりを行っていました。

「声に出して読む」という基礎中の基礎である音読は、宿題にしたり授業で数人に読ませたりするだけで、大した指導はしていませんでした。

私は、「もしかして、子ども達がきちんと文章内容を読み取れていないのは、音読指導をしていないことも関わりがあるのではないか」と考えました。

そこで、音読指導について一から勉強し始めました。

そして、子ども達の読解指導に力を注ぐ前に、まず子ども達の音読指導を徹底するようにしました。

すると、子ども達の音読に対する姿勢がガラッと変わりました。授業を始める前から音読を練習して私が教室に来るのを待つようになりました。以前とは声の張りも、スピードも、正確さも格段に上がりました。それに付随して、市販テストの結果も大きく向上しました。特に、学力が低い子達の伸びは驚くべきものがありました。

もちろん、そうした効果の全てが音読指導に力を入れたおかげではないと思います。とはいえ、音読がしっかりできるようになることによって自信がつき、学力が低い子達も読解の授業にしっかり参加し活躍するようになったので、そういう間接的な効果もあるかもしれません。

いずれにせよ、私はこの経験から、いかに自分が音読指導をしていなかったか、そして、音読指導を疎かにしてはいけないことを改めて痛感したのでした。

2

音読は子どもが「達成感」を得やすい

音読指導にはどんなよさがあるのでしょうか。

まず、音読は読字障害（ディスレクシア）の子を除いて、基本的にどのような子どもでも取り組むことができ、音読力を向上することができます。

新年度、新しい学級を受け持つ際、前年度担任から「学習が極端に苦手」「取り出し指導が必要」などと申し送られてきた子が、必ずクラスに数名はいるものです。

例えば、予告した漢字テストでもほとんど0点であったり、市販テストも自分一人では問題の意味を取れずに受けられなかったりする子です。

このような子達も、音読をきちんと指導すると、年度の初めはボソボソと自信なさげに音読していたのが、年度終わりには一人で読むことに立候補し、しっかりとした声で音読するようになっていきました。

このように、音読は基本的に誰でもできるようになる領域なのです。しかも、小学校において音読に取り組まない学年はなく、全学年で取り組むことになります。

一方、例えば読解指導においてはなかなかそうはいきません。筆者の意図を推測するなど、高度な内容の話し合いになると、どうしても理解しきれない子も出てきて、全員が取り組めたとは言い難い状況に陥りがちです。

つまり、音読指導ほど、小学校教師にとって「つぶしが効く」領域はないということです。どの学年を、どんな子を受け持っても、武器になります。

また、音読は、国語科の学習内容の中でも、漢字と並んで達成感を得やすい領域です。

本書で紹介する指導方法で音読指導をするようになると、子ども達の音読はすぐに変わります。音読への意欲も変わっていきます。

すると、子ども達は音読に対して自信を持つようになります。以前よりもスラスラ読め、自分の読む声も変わっていくのを誰よりも自分がわかるからです。子ども達は音読が大好きになり、1年生でも6年生でも、「ここ誰か音読して」と投げかけると、喜々として立候補するようになります。

つまり、音読は子ども達が達成感を得やすく、よい意味で変わっていきやすい領域だといえます。

このように、音読指導のメリットは、教師側にも子ども側にもたくさんあるのです。

▼音読指導の意義とは

先に、音読は重視されている、と述べました。しかし、現状ではほとんど指導されず、宿題にして家で読ませているだけであり、実質的には「軽視」されているといえます。

この背景には、そもそも教師側が、音読指導の意義をしっかり認識できていないことがあるのではないでしょうか。

確固たる理由もなく、「自分も子どもの頃たくさん音読させられたから」「周りの先生方も重要だと言っているから」「指導要領に載っているから」などと一応宿題にしているだけかもしれません。

そんな状況では、大した「指導」もせず、宿題に任せきりになったとしても不思議ではありません。どんな指導も、なぜその指導をするのかという「意義」を重々踏まえなくては、教師の思考はそれを達成するために子ども達への指導方法や手立てを考えるという次の段階まで至らず、指導に一本の筋が通りません。

逆に、なぜその指導をするのか、なぜその力をつけることが子どもにとって大切なのかをしっかり教師が理解すれば、それを達成するための指導法や子どもの実態に合わせた手立てを考えていき、効果的な実践をしていくことができるのです。

様々な文献や私自身の経験を踏まえて、音読指導の意義をまとめると次のようになります。話が複雑になるので、どのような論や知見を拠り所にしたかは、注に示します。（注２）

○「音読の意義」

- 音読は「読むこと」の枠に収まりきらない非常に広く基礎的な力である。読解力や国語科学力、全体的な学力とも相関があり、それらの基礎になっているといえる。
- 音読指導には「感覚面を養う側面」と「読む力を養う側面」とがあり（現状、実践者は「感覚面を養う側面」を重視した実践をしがちである）、「読む力を養う側面」は、子どもの読解力、学力全体に影響を与える大きな意義がある。

簡単に言えば、「スラスラ読み上げる力は、学力全体の基礎になっている」ということです。**音読ができる力は、単に文章を読み上げることができるだけでなく、国語科全体、ひいては学力全体の基礎になっているのです。**

だからこそ、国語科を専門としているかどうかは関係なく、義務教育を担う教師であれば、しっかり音読を「指導」していけるようになるべきです。

次項以降では、音読指導の意義についてさらに詳しく考えていきたいと思います。

3 音読指導を通して育てたい力とは？

それでは、音読指導では具体的にどのような力を育てればよいのでしょうか。考えていきましょう。音読指導で育てたい力は多岐に渡ります。子ども達一人ひとりの読む力を伸ばすことから、一人ひとりの学習に向かう姿勢やクラス全体の前向きな雰囲気をつくることまで、様々な効果があります。

▼教科的な観点から

まずは、音読が主に扱われる国語科の教科的な観点から見ていきたいと思います。

最も重要なのは「スラスラ読み上げる力」です。本書では「感覚」よりも「読む力」の側面を重視しています。中でも欠かせないのが「文章をスラスラ読み上げる力」です。

市毛勝雄（１９９１）では、「スラスラ読めるということと読解力があることは、ほとんど同義であると言ってよい」と述べられています。本書でもこの立場をとります。

教育心理学の研究などでも、流暢に読み上げる力が高い学習者の方が読解力が高いということは多数の論文で述べられていますので、音読には読解力、及び他の国語科の力の「基礎」を養うという重要な意義があることがわかります。

また、学習指導要領に目を向けてみても、学習指導要領（平成29年告示）にて、音読は「指導事項」と位置付けられています。周知のように同学習指導要領では、国語科の内容を「知識及び技能」「思考力、判断力、表現力等」に分けています。

そして、音読は「知識及び技能」に位置付けられています。このことに関しては、「小学校学習指導要領解説　国語編」（20頁）にて、次のような説明があります。

> 指導に当たっては、〔思考力，判断力，表現力等〕の「C読むこと」だけでなく、〔知識及び技能〕の他の指導事項や〔思考力，判断力，表現力等〕の「A話すこと・聞くこと」、「B書くこと」の指導事項とも適切に関連付けて指導することが重要であるため，今回の改訂では，「知識及び技能」として整理し、ここに示している。

音読は前回の学習指導要領では、「読むこと」の中に指導事項として位置付けられていました。このことも踏まえると、学習指導要領（平成29年告示）では、音読は「読むこと」だけでなく他の指導事項や他領域とも関わる、より基礎的で広範囲な力として位置付けがされているといえるでしょう。このことは、普段実践をしていてもわかることです。

たどたどしくしか音読できない子は、文章の内容理解もあまりできていないことが多く、逆に深い読みができるのに音読でつっかえる子はほとんど見たことがありません。

もちろん、音読ができるようにすれば同時に深い読解もできるようになるということではありませんが、音読もできないのに深い読解などできません。そのため、音読指導をしっかり行い、「文章をスラスラ読み上げる力」を保障することで、全員に読解のための基礎を保障できるようにするのです。

しかも、音読で読み上げた自分の声を自分の耳で聞くことで、内容をより確かに理解することもできます。これらの理由から、「スラスラ読み上げる力」は音読指導を通して最も育てたい力です。

「スラスラ読み上げる力」に加えて、「自分の理解したことを表現する力」もぜひ育てていきたいです。これはどういう力かというと、自分の読み取った筆者の意図や登場人物の心情を音読で表現する力です。

例えば、説明文では筆者の強調したい主張を読む際は強く読んだり、間を空けて強調したりすることができます。物語では、登場人物の心情に合わせて高低や間を使い分けて表現することができます。特に物語をこのように読む場合、「朗読」といわれます。

しかし、この「表現する力」に関しては、全員に保障するのはなかなか難しいことです。自分の読み取ったことを表現しようとしても、表現しきれない子も出てきます。

また、それを聞いている側も読み手の意図を読み取ることができるとは限りません。そのため、「スラスラ読み上げる力」を最優先としつつ、「表現する力」もねらっていく、というスタンスがよいと思います。

この指導の順序については、後に詳述します。

▼教育的な観点から

次に、国語科という教科的な観点よりもさらに広い「教育的な観点」から、音読指導で伸ばしたい力を考えていきましょう。

まずは、**自分からみんなの前で読もうとする「積極性」**です。

音読は、書いてある文章を声に出して読むことですから、いやでも人前で自分の声を出さなくてはなりません。

音読を通して「積極性」を培っていけば、ゆくゆくは皆の前で自分の考えを発表する力などにもつながっていきます。「人の前で声を出す」という点において音読と共通性があるからです。

年度始めには全く発言しなかったのに、音読で皆の前で声を出すことに慣れ、積極的に発言するようになった子を何人も見てきました。

ですから、「子ども達にもっと発言してもらいたいのだけれど……」とお悩みの先生は、まず音読指導に力を入れ、子ども達が音読に立候補できるように育てていくべきだと私は思います。

音読にすら立候補できないのであれば、自分の考えを言うことになどなおさら立候補するわけがないからです。

音読は、書いてあることを読み上げればよいので、自分の意見を発表することよりもハードルは下がります。それでいて、「人の前で声を出す」ことの耐性がついていき、育っていくのです。

人前で話をしたり、自分の考えを言ったりするのは、一般的には日本人の苦手とするところですが、音読は「積極性」を伸ばし、人前で声を出す度胸をもたらすのです。

また、声を出すことで**「前向きさ」「明るさ」**も伸びてきます。

音読指導に力を入れると、ボソボソと読むのではなく、明るく、張った声で読むようになっていきます。しっかり声を出すことで、その子自体やクラス全体が明るく前向きな雰囲気になってきます。

「音読指導だけで本当にそんな変化が子どもにあるのだろうか」と思われる方もいらっしゃるでしょうが、実際に子ども達を指導してみるとわかります。本当に、ボソボソと小さい声で読ませていた時と比べて、明らかに子どもの表情や姿勢が変わってくるのです。

かく言う私も、先述のように大学院時代は「読むこと」の研究をしてきて、いかに深い読みをさせるかということばかり考えてきましたが、そこから考えを改め、音読指導に力を注ぐようにしました。すると、やはり子どもが変わったのです。積極的に音読させ、声を出させていくことで、先述した市販テストの結果の改善だけでなく、目に見えて子ども達が明るく、前向きになり、クラス全体の雰囲気もそのようになっていきました。

子ども（特に小学校段階の子ども）は、小難しいことを話し合うよりも声に出して読むことの方が楽しく感じることも多いようです。

このように、音読指導では、読む力を育てるだけでなく、子ども達の積極性などを育てることができ、ひいては学級をつくっていくこともできるのです。

4 音読指導のねらいを「階層化」すべし

ここまで、音読指導で育てたい力を教科的な観点と教育的な観点から述べてきました。音読指導を国語科で行っていくことを考えると、教科的な観点で育てたい力を中心にしつつ、教育的な観点で育てたい力も副次的に育てていくのが現実的でしょう。

教科的な観点で育てたい力には、「スラスラ読み上げる力」と「表現する力」を挙げました。前者が「読む力を養う」側面であり、後者が「言語感覚を養う」側面といえるでしょう。

ここで音読指導の実践を概観し、それらの実践の中から、実践者の音読指導観を分析した松浦年男（2019）に注目してみましょう。

松浦は、実践者においては、「読み取りのため」「理解のため」「読解力向上のため」という「読む力を養う」側面よりも、「声に出して読むこと自体に価値がある」「音読して感じ取る」などといった「言語感覚を養う」感覚的な側面の指導が無自覚的にではあるが主になりがちだということを指摘しています。これは重要な指摘です。

感覚面を育てるというのはなかなか難しいことですし、目に見えにくいものです。先述のように、「わかっているけれどうまく表現できない」という子も少なくないでしょう。

また、スラスラ読むこともできていないのに、豊かに表現することを求めたら、難しすぎて子ども達がやる気を失ってしまうことも往々にしてあり得るでしょう。

ですから、まずは、「全員に保障すべき」ことの指導から徹底していき、余裕があればさらに上のレベルに挑戦するようにすべきです。

「全員に保障すべき」という観点で考えると、やはり「スラスラ読み上げる力」の方が優先的に育てるべきだという結論に至ります。

もちろん「表現する力」も音読指導で育てていきたいのですが、「スラスラ読み上げる力」の方がより優先されるべきなのです。

音読の「読む力を養う」側面つまり「スラスラ読み上げる力」を全員に保障しつつ、それをクリアできた場合に「言語感覚を養う」ことや「表現力を養う」ことなどを積極的にプラスしていくのです。それを表したのが下図です。

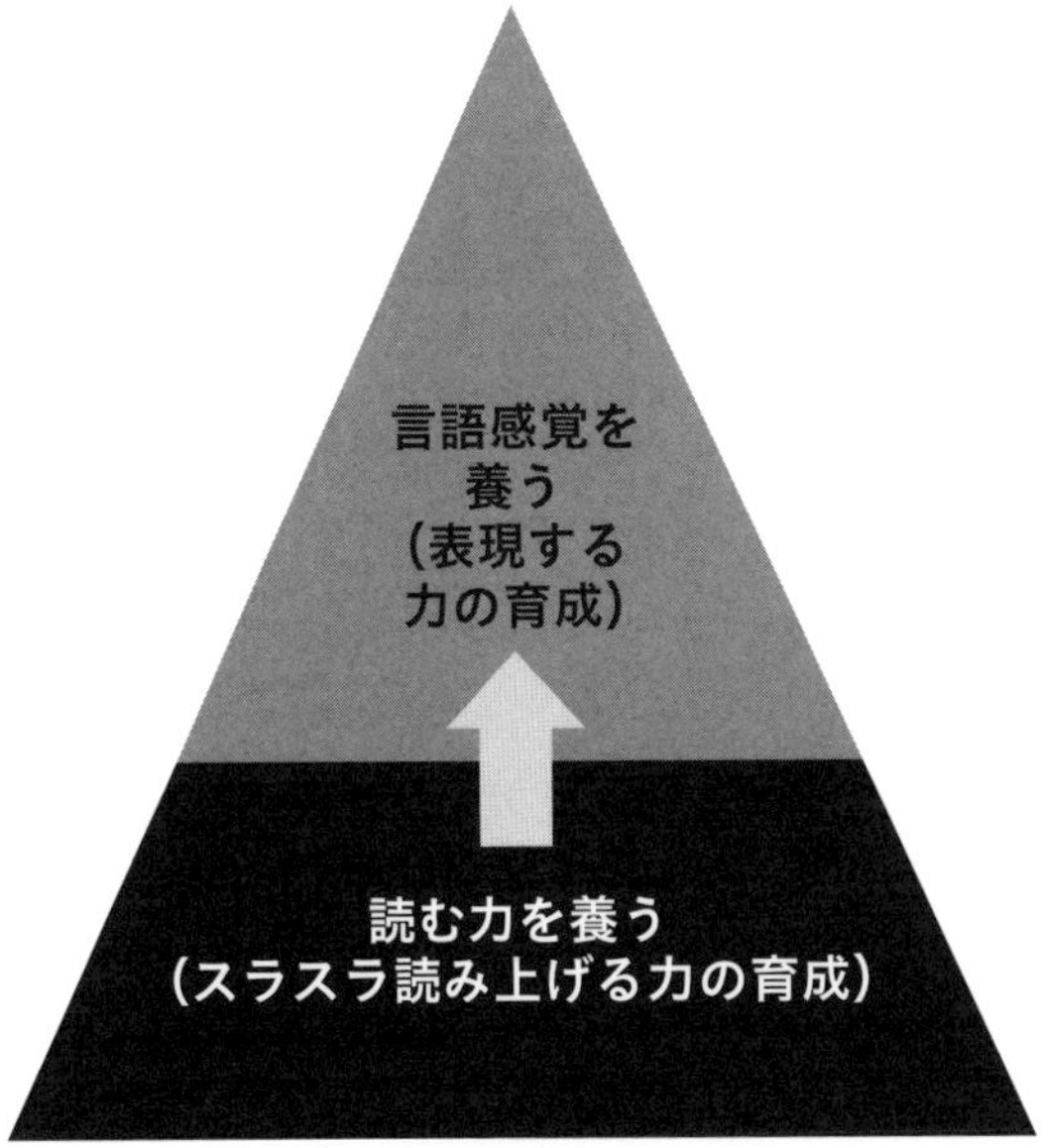

▼ねらいを階層化すれば、指導を使い分けられる

このように音読指導のねらいを「階層化」すれば、教師自身の余裕や子ども達の現状に応じて指導を使い分けられるようになります。

例えば、「これまで音読指導に力を入れてこなかったが、子どもの学力を保障するという意味で力を入れたい」という先生は、まずは「読む力」としての音読を育てていけばいいのです。具体的には、全員がスラスラ音読できるように指導していきます。そして、子ども達がスラスラ音読できるようになってきたら、感覚や表現力を養う実践（朗読実践）へとステップアップしてもよいでしょう。

また、「これまで音読指導には力を入れてきて、子ども達が全員スラスラ読むことはできる」ようであれば、その上の段階に挑戦していけばいいのです。具体的には、本書では意味のまとまりで区切って読む「意味句読み」や読み取ったことを読み声で表現する「朗読」を提案しています。また、黙読への移行も指導していけるとよいです。その他、名文暗唱なども子どもの言語感覚を培うでしょう。

言語感覚を養うことや表現力の育成を全員に保障するのは至難の業ですし、仮にできてもそれを見取るのが難しいです。であるなら、まずは「『読む力』としての音読力の育成を音読指導の第一義と定めつつ、達成している場合は積極的に次の段階へと進む」というのが現実的で、成果が出やすいでしょう。

第2章

○×でわかる！ 音読指導の新常識

1

音読指導を通して子どもを育てる

音読指導は、子ども達の学力全体に関わる「スラスラ読み上げる力」を育てます。音読カードを渡して宿題として家でやらせるだけで、学校ではほとんど子どもの音読を聞かず指導もしないというただ「やらせるだけ」の状態では、子ども達の学力を保障するという点において、不十分です。

学力全体の基礎ともなるべき力を育てなくてはいけないので、「やらせてはいました。でも指導はできていません」などと悠長なことは言っていられないのです。教師が指導の仕方をしっかり知り、一人ひとりに保障していくべきです。

▼ただ「やらせるだけ」ではもったいない！

また、音読指導では、子ども達の「積極性」など学習に向かう姿勢も育てることができます。国語科の指導内容の中でも音読は、子ども達にとって漢字と並んで自分の成長がわかりやすく、達成感を得やすいのです。

本書で紹介する音読指導に力を入れるとすぐに、ただ「やらせるだけ」だった時と比べて、目に見えて子ども達のやる気や学習に臨む姿勢が変わります。クラス全体の雰囲気も明るく前向きになっていくはずです。いかにこれまで「やらせるだけ」になっていたか、そして、それがもったいなかったかがわかるはずです。

音読指導を通して、子ども達の学力の基礎を保障し、育てていくという意識をもちましょう。音読指導には、それくらい大きな価値が秘められているのです。

✕ ただ音読を「やらせるだけ」

教師が指導しなければ子どもの力は育たない

○ 音読指導を通して子どもを育てる

教師が指導の仕方を知り、指導していくことが大切

ポイント

音読の価値を知り、積極的に指導していくこと

2

教科書だけでも十分音読力を育てられる

「音読指導に力を入れる」と言うと、「教科書以外の他教材も読ませないといけないのか……」と捉える方がいます。

たしかに、音読指導に熱心な先生の中には、子ども達に教科書以外の文章も読ませたり、暗唱させたりしている方もいます。

もちろんこうした実践も子ども達の音読力を育てるのに有効でしょう。

しかし、多くの先生方がマネできるかといえば、そうではありません。

今は、多くの先生方は時間的にも実質的にも音読指導が「できていない」状況です。そんな中、「他教材も使いましょう」と言われてもなかなか難しいでしょう。

本書の指導法は、基本的に教科書を使うものです。いきなり他教材の指導など考えず、まずは「国語科教科書を使い倒す！」という気概で子ども達に指導していくようにしましょう。

国語科教科書だけの指導でも、十分子ども達の音読に取り組む姿勢、音読力を伸ばすことができます。子ども達が、教科書がボロボロになるくらい読み込むように指導していきましょう。

▼他教科の教科書も音読する

国語科教科書だけでなく、他教科の教科書も日本語で書かれています。そのため、子ども達に音読をさせることができます。国語の授業で子ども達の音読力を伸ばし、その上で積極的に他教科でも音読を取り入れるとよいでしょう。

✕ 他教材での音読指導も考える

音読指導を「していない」状況では難しい

○ まずは国語科教科書を使い倒す

国語科教科書だけでも音読力は十分育てられる

▶ポイント
あれもこれも、と考えずに国語科教科書だけを使って、音読指導をしていく！

3

子ども達の声で音読三原則を「具体化」する

スムーズに読み上げる力を育てる音読のめあてを、本書では「音読三原則」と呼んでいます。それは「ハキハキ」「正しく」「スラスラ」の3つです。

おそらく教師であれば一度は目にしていると思いますし、子ども達も、2年生以上であれば一度は、先生からこういう指導を受けているはずです。

私が子どもたちに伝えているのも、この至って普通の原則です。しかし、私のクラスの音読の様子を見た他のクラスの先生方はとても驚かれます。同じ三原則なのに、なぜこの差が生まれるのかというと、三原則の「言葉」は同じでも、「具体」が違うからです。

同じ「ハキハキ」でも、ほとんどの子が教室の外まで聞こえるくらい声を張っています。また「スラスラ」でも、1分間に400文字以上のペースで、かなり素早く読みます。

しかし、最初から子ども達は、このようには読みません。ほとんどの子達が、「ハキハキ」と伝えてもゴニョゴニョ、ボソボソ読みます。そういう姿を見逃してはいけません。

教師が「ハキハキ」と伝えているのに、そうした姿を見逃しては、子どもは「これでいいんだ。これがハキハキなんだ」と勘違いしてしまいます。

ですから、「それはハキハキ読めていません」と伝えます。そして、何度か練習させた後、もしめあてに近づいていたら「はい、大分ハキハキしてきました」と評価します。そうすると子どもは「こうやって読むのがハキハキなんだ」と気づきます。

そのためには、まずめあてが教師の中で具体化されている必要があります。このように、「ハキハキ」「正しく」「スラスラ」をお題目化せず、徹底的に子ども達の声で「具体化」していくことが重要です。

✕ 三原則がお題目化してしまう

伝えるだけでは、できていると勘違いしてしまう

○ 三原則を具体化する

子ども達の声を引き出し、具体化する

ポイント
教師の中でめあてが具体化されている必要がある

4

本来、子どもは音読が大好き

「低学年はまだしも、高学年にもなると音読など熱心に取り組まないのではないか」と思われる先生もいらっしゃるでしょう。しかし、そんなことはありません。高学年であっても、しっかり指導すれば、子ども達は音読が大好きになります。長文であっても嬉々として取り組みますし、「ここ誰か読んで」に全員が立候補するようになります。

▼高学年の子ども達も音読が大好き

私がある高学年の学級に補教に入った時のことです。国語の授業を進めてほしいとのことでしたので音読指導をしました。初めはボソボソといい加減に読んでいたので、三原則を踏まえた音読（以降、「三原則の音読」という）を指導し、子ども達の声で具体化していきました。

すると、あっという間に子ども達の読み声は大きく変わりました。子ども達もそれを自分達で感じたらしく、「もっとやりたい！」と私が教室を去る時に言っていました。高学年であっても、子ども達は本来、音読が大好きなのだと改めて実感しました。

▼コロナ規制が緩和されてきた今こそ、音読のチャンス！

声に出して読むことは、学習の基本中の基本です。日本では寺子屋の時代から、大切にされてきたことです。ところが、ここ数年間は、新型コロナウイルスの影響で音読にも規制がかかっていました。それがやっと緩和されてきた今、もう一度、音読指導を見つめ直し、力を入れていく絶好の機会です。

✕ 高学年は音読に熱心に取り組まない

教師からの指導がないと音読に興味を示さなくなる

⬇

○ 本来、子ども達は音読が大好き

高学年であってもいくらでも音読好きになる

▶ポイント
子どもは本来音読が好き。嫌いになるかどうかは教師の指導次第である

5

「発達段階」に応じた音読指導をする

本書で推奨するのは三原則の音読を全員に保障し、それを基盤として意味句読みや黙読、朗読へと派生させていくことです。このことはどの学年でも変わりませんが、やはり発達段階によって教師が意識すべきポイントは異なります。発達段階に応じた指導をしていけるようになりましょう。

▼各発達段階における重要ポイント

低学年では、特に音読は重要です。国語科の「読むこと」の指導において「何よりも音読を重視する」くらいの意気込みで臨みましょう。低学年のうちにしっかり音読できるようにすることは、担任の責務です。全員が三原則の音読ができるように徹底して指導していきましょう。

低学年は「ハキハキ」読むのはそこまで苦労しませんが、「スラスラ」が課題となります。ゆっくりすぎるのです。ですから、この時期では「スラスラ」に重点を置いて指導するとよいでしょう。

中学年でも三原則の音読を徹底して指導していきます。この時期の子ども達も、基本的には「ハキハキ」には苦労しません。「スラスラ」と「正しく」を重点的に指導していきましょう。その上で、黙読への移行を視野に入れた指導をしていきます。
高学年でも三原則の音読を指導するところから始めます。「ハキハキ」と声をしっかり出させることが最大のポイントとなるでしょう。三原則ができた上で意味句読み等へ広げていきましょう。

✕ 発達段階における重要ポイントを考慮しない指導

「スラスラ」「正しく」読みましょう!!
難しい――…

指導の成果が上がりにくい

○ 発達段階における重要ポイントを押さえた指導

低学年は「スラスラ」
中学年は「スラスラ」「正しく」
高学年は「ハキハキ」「三原則クリア」で次のステップへ

指導の成果が上がりやすい

▶ポイント
各発達段階に合わせた指導で成果を上げよう

6

音読は学校で教師が指導しなくてはならない

音読カードを渡して家でのみ音読をさせ、学校ではほとんど音読をさせないような指導は、「指導」とはいえません。

私の経験上、教師が指導せずに子ども達が自然と意欲的に音読に取り組む、ということはありません。

放っておいてやる気が出るのであればこんなに簡単なことはありませんし、教師の指導など元々必要ないことになります。

現実は、指導しなければ、子ども達の家での取り組みも悪化していきます。「ただ読むだけ」の子はまだよい方で、子どもによっては全く読まずに自分で音読カードにサインだけして提出する子も出てくるでしょう。

家で読ませるのはもちろん大切ですが、それは、学校での教師の確かな指導があってこそ成り立つものなのです。

学校で子ども達の音読への意欲を高め、正しい読み方をしっかり指導してこそ、家庭での確かな音読学習が成り立つのです。

音読は家庭任せにしてよい類いのものではない

音読指導で培う「スラスラ読み上げる力」は、学力全体とも大きく関わっています。スラスラ読み上げることもできないのに、深い読みなどできません。他教科の教科書を読み取ることも難しくなります。このようなことを踏まえると、音読指導は、家庭任せにしていてはいけないものなのです。

✕ 音読は家でやらせるもの

家で適当に
やっておこう
ー……
○○君
家で音読を
やっておいてね

家でやらせるだけでは意欲的に取り組まない

○ 教師が学校で指導する

はーい
音読の方法を
教えますね

教師の指導で意欲を引き出す

ポイント

教師のしっかりとした指導があるから家庭での音読学習が成り立つ

7

音読指導は根性論ではない

音読をただ「やらせるだけ」にしないこと、しっかり指導していくことが大切と述べました。

それでは、どのように指導すればよいのでしょうか。音読を指導しようとして真っ先に陥るのが、「もっと大きな声で！」と言うばかりの声の大きさ一辺倒の指導です。

もちろん、張りのある声で読ませることは大切ですし、本書でもハキハキ読ませることを推奨しています。私のクラスの子達も、他の先生から「すごく大きな声ですね」「とても元気な声が隣のクラスまで聞こえてきてびっくりしました」と言っていただくことが多いくらい、しっかりとした声で読んでいます。

しかし、「もっと大きな声で！」と言うだけの指導では、すぐに行き詰まります。教師側に明確な指導のビジョンがないと、子ども達が音読の面白さを感じられないからです。

▼知的な指導をしていく

そもそも、「もっと大きな声を出すにはどうすればいいか」「なぜ小さな声でボソボソ読んでいてはいけないのか」などのことを子ども達に理解させず、「もっと大きな声で！」と言うだけではただの「根性論」です。それでは子ども達は音読が好きになるどころか嫌いになってしまいます。

なぜハキハキと読んだ方がいいのか、どうすればそうできるのかを知的に理解させるような指導をしていくようにしましょう。そのためには、まずは教師がそれらについてよく考えることです。自分がわからないことは子どもに伝えようがありません。具体的な指導法は次項で詳述します。

×　「もっと大きな声で！」と言うだけの一辺倒の指導

根性論の指導では子どもは音読が嫌いになる

○　理由や方法を知的に理解させていく

知的に理解させるからやる気が持続する

▶ポイント
まずは教師がよく考えること！

8 「なぜそうすべきなのか」を知的に理解させる

これは音読指導に限ったことではありませんが、教師が「このようにしていきましょう」とか「こうすべきです」と子ども達に指導する時、「なぜそうすべきなのか」を知的に理解させるようにしていきましょう。単に「よい姿勢で！」とか「もっと声を出しなさい！」と指導しても、それはただの根性論であり、子ども達に浸透しません。ただ「先生に怒られるから」という理由で取り組むことになり、それだけではどうしても子どもはやる気にはならないからです。

「なるほど、だからそうしなくてはいけないのか」と子どもが思えるような理由を教師が持っておき、それを適宜わかりやすく説明していくようにしましょう。

▼なぜよい姿勢が大事なのか

例えば、音読は背中をしっかり伸ばした、いわゆる「よい姿勢」で読むことを推奨されることがほとんどです。私自身も子ども達にそれを推奨しています。それでは、なぜ「よい姿勢」で読む方がよいのでしょうか。私は、次のように説明しています。

「そもそも、声はどこで作られているか知っていますか。指さしてみてください。多くの子が口を指さしていますが、正解は喉です。声帯というところにあるものを通して震わせることで声が出ています。では、そのあるものとは、何でしょうか。そう、空気です。だから、しっかりした声を出すには、空気をいっぱい吸ってたくさん声帯を震わせなくてはいけないのです。そのためには、姿勢を正しくすることです。背中を曲げると肺に空気がしっかり溜まらないからです」

これに加え、「なぜ声を張って読むべきか」等も同じく知的に説明し理解させていきます。

×　ただ「やりなさい！」の根性論

子ども達のやる気は引き出せない

○　理由を知的に理解させる

理由を理解できると子ども達はやる気になる

▶ポイント
まずは教師が「なぜか」を考えておくこと

9

黙読へのスムーズな移行も視野に入れた音読指導を

大人になったら文章を読むときは黙読します。子どもでも、一人で本を読むときは黙読が中心です。なぜなら、音読と比べて黙読の方が圧倒的に早くたくさんの文章を読めるからです。

つまり、黙読の方が効率がよいのです。

そのため、音読指導の際は黙読への移行も視野に入れて指導をしていくべきです。

ここで注意しなくてはならないのが、音読と黙読とを別々のものと捉えて指導してはいけないということです。

▼音読は黙読ができるようになる過程で大きな役割を果たしている

髙橋麻衣子（２０１３）では、「構音運動による音韻表象の生成」、つまり、音読することを内化していくことで黙読に至ることを示しています。黙読ができるというのは、音読が内的音声化され、声に出さずとも心の中で聞こえるようになって意味がとれるようになった状態といえます。

音読指導だけを切り取って考えず、黙読への移行も視野に入れた指導をしていくようにしましょう。

（具体的な方法は４章参照）

なお、高橋俊三（１９８８）によれば、読む早さが小学４年生頃から黙読優位になるそうです。この辺りの学年を担任する時や、４年生以上でもなかなか黙読ができていない子どもを担任した時は、積極的に黙読移行の指導もしてみるとよいでしょう。

× 音読指導だけをする

音読指導のみを切り取って考えてはならない

○ 黙読への移行を視野に入れた指導をする

黙読への移行を視野に入れた音読指導を

ポイント
子ども達の実態に合わせて黙読移行へ向けた指導を

10

音読を通じて「読解指導」もできる

「音読は声に出して読むだけであり、読解とは別だ」と捉えている先生も少なくありません。確かに、そういった側面もあります。音読ができるからといって読解もできると思ったら大間違いです。単にしっかり声を出してスラスラ読めているだけで、内容はあまり理解できていなかった、ということもあります。

しかし、教師が音読と読解を切り分けて捉えるのではなく、音読に一工夫を入れていくと、音読をしながら、読解をすることもできます。しかも、音読は一般的に読解よりも多くの子どもが参加できますから、うまく読解と音読とを絡めていけば、全員参加の授業をつくりやすくなるでしょう。

▼『どうぶつの赤ちゃん』（光村図書・1年）実践例

例えば、『どうぶつの赤ちゃん』（光村図書・1年）の実践を紹介します。『どうぶつの赤ちゃん』では、しまうまの赤ちゃんとライオンの赤ちゃんとが対比的に説明されています。文章内容は、「生まれた時の大きさ」「生まれた時の目や耳」「母親と似ているか」という観点ごとにそれぞれ同じ順序で説明されていきます。

私はこの説明の仕方に気づかせるために、子ども達に「じゃあ、この列の子達は、『大きさ』について音読する時に立ってね。この列は『目や耳の様子』ね。この列は『母親と似ているか』ね」と伝え、立ち上がり音読をしました。子ども達は楽しみながら音読するとともに、「しまうまもライオンも、同じ順番でみんなが立ったよ！　同じ順番で説明されているんだ！」と気づいていきました。

✕ 音読と読解とを切り分ける

音読だけできる子に育つ可能性も……

○ 時には音読と読解とを絡める

音読を通して読解指導に切りこむ

ポイント
音読に一工夫を加え、読解指導をすると、全員参加の授業がつくりやすくなる！

11 範読をして「お手本」を見せるべし

私の個人的な感覚ですが、物語や説明文の授業に入る際、朗読CDを使用されている先生が多くなってきたように感じます。コロナ対策という意味合いもあったかとは思いますが、それを差し引いても、読んで聞かせるという先生が減ってきているように感じます。

もちろん、朗読CDは教科書会社が力をかけて作っているのでCD自体には何の問題もないのですが、私は、教室という空間で教師が子ども達のモデルとなることの教育効果をかなり重要視しています。最初に読んで聞かせる教師の音読は、その単元を学んでいる間中、子ども達の音読練習のモデルとなるのです。

朗読CDは著名人が読んでいて面白いですが、子ども達にとってもっと身近な存在である教師が読んだ方がずっと子ども達への教育効果は高いと思います。

▼朗読ではなく、三原則の音読でよい

「私は朗読が苦手なんだよな……」という方もいらっしゃるでしょう。表現豊かに読むのは、誰に

でもできることではありません。

　しかし、本書で推奨するのは、あくまでも三原則の音読です。それを子ども達に指導していくということを考えると、教師による範読は、表現豊かな朗読である必要はなく、三原則の音読で十分です。むしろ、それを精一杯やってみせることに大きな意義があります。

× 朗読CDに頼り切り……

朗読CDもよいが……

○ 教師が精一杯範読する

教師の音読が子どもの音読のモデルになる

▶ ポイント
音読が苦手でも、三原則の音読ならできる！

12

いきなり朗読は求めなくてよい

「もっと大きな声で！」と言うばかりの声の大きさ一辺倒の音読指導と同じくらいによく見られるのが、「心を込めて」という朗読を求める指導です。朗読は子ども達が考えながら文章を読むようになるので、そういった意味では有効です。

しかし、子ども達にいきなり朗読を求めると、なかなか指導の成果は現れにくくなります。その理由は、主に2点あります。

第一に、子ども達にとって難しいからです。大人でも、文章の内容が伝わるように、心を込めて音読で表現するのは難しいものです。なかなかできない教師も少なくありません。子どもにとってはなおさらです。

先述のように、朗読はスラスラ読み上げる音読ができて、その上で取り組むべきものです。スラスラと読み上げる音読もできていないのに「心を込めて」と言われても、それができる子は限られてしまうのです。

ですから、まずはスラスラ読み上げる音読（三原則の音読）を全員ができるようになってから、次のステップとして朗読指導を取り入れていくようにした方がよいでしょう。

▼漠然とした指導になりがち

第二に、朗読指導は漠然とした指導になりがちだからです。「もっと心を込めて」と言われても、具体的にどのように読めば心を込められるのか、そもそもどんな心を込めればよいのか、こういったことが子ども達には伝わりません。結果的に、多くの子がどうしたらいいかわからず、意欲を失うでしょう。

✕ いきなり朗読を求める

難しく、どう読んだらよいかわからない

○ まずはスラスラ読み上げる音読を

スラスラ読むだけならできると思える

▶ポイント

朗読指導をするには、無理のない段階的な指導が必要

13

スラスラ読み上げる力を伸ばす音読指導を！

第1章でも紹介しましたが、松浦（2019）によれば、教育現場における音読指導は、「読み取りのため」「理解のため」「読解力向上のため」という「読む力として」の側面よりも、「声に出して読むこと自体に価値がある」「音読して感じ取る」などといった「言語感覚を養う」感覚的な側面の指導が無自覚的にではあるが主になりがちだと指摘しています。

この指摘に関しては、私は大いにあり得ることだと感じています。先に挙げたように、教師の指導は、「心を込めて」という指導に偏りがちだからです。もちろん感覚を養うことも音読指導の重要な意義の一つです。

しかし、それよりも優先されるのが「スラスラ読み上げる力」の育成です。これを意識していないと感覚を養う指導に偏りがちである、ということを頭に入れて指導するようにしましょう。

▼スラスラ読みは朗読、読解の基礎になる

スラスラ読み上げる音読ができないのに心を込めて朗読することは非常に難しいでしょう。また、

深い読解なども難しいでしょう。スラスラ読みがしっかりできてこそ、これらに取り組むことができます。また、スラスラ読みは学力全体にも相関するともいわれています。

まずは、スラスラ読みを全員に保障する指導をしていくようにしましょう。そのためには、「三原則の音読」を徹底して指導していくことです。具体的指導法に関しては次章をご覧ください。

× 感覚に偏った指導

心を込めて読んで!!
心を込めてるんだけど……
…よくわからないな――…

教師の指導は感覚に偏りがち

○ 読み上げる力を伸ばす指導

スラスラ
ハキハキ
正しく

読み上げる力を優先して育てる

▶ポイント

感覚を養う指導に偏りがちであることを頭に入れて、指導に臨もう

14 早すぎるかな？と感じるくらいで読ませる

音読指導で第一に目指すのは、子ども達がスラスラ音読できるように育てていくことです。

そのためには、「早すぎるかな？」というくらいのスピードで読ませることが大切です。

何も指導せずに子ども達に読ませると、「遅すぎ」ます。

私のクラスの音読を聞いていただくと、みなさん一様に「すごいスピードと勢いですね」と仰います。

しかし、年度初め、私はどの学年を担任しても「読むのが遅すぎる」という印象を抱きます。

そういう状態からスタートして、参観した方が驚くようなスピードで読めるように育てているわけです。

遅すぎるスピードでも、子ども達は自分が「スラスラ」読めていると勘違いしています。加えて教師までも勘違いしてはいけません。

▼遅すぎる音読の弊害

遅く読ませてしまうと、子ども達はダレます。学年が上がると文章も長くなってきますから、時間がかかって仕方ありません。授業の効率も悪くなります。

そして、何よりスラスラ音読するという音読指導の第一目標を達成することができません。なるべく素早く読ませるようにしましょう。

× ゆっくり読ませる

遅く読ませると子どもがダレる

〇 素早く読ませる

素早く読ませることで子どもも集中する

ポイント
素早く読ませることにはたくさんのメリットがある

15 いい加減に区切って読ませない

年度初め、子ども達に音読させてみて気になるのが、先に挙げたスピードと区切りです。子ども達は何も指導しないで読ませると、各々好き勝手に区切って読みます。

そのほとんどは、句読点がないところでも自分が読みやすいように、または息を吸うために勝手に区切って読むような音読です。

杉澤陽太郎（２０００）でも指摘されていますが、音読の際、大人でもいい加減なところで区切って読んでいます。子どもならなおさらで、句読点よりも短い単位で区切ってしまうことがほとんどです。

▼まずは句読点読みを徹底する

また、同書では句読点は筆者が意味を込めてつけているので、大切にしなければならないということが述べられています。

このような考えも踏まえ、初めのうちは、句読点でのみ区切って読む「句読点読み」を徹底するようにしましょう。そうするだけで、正しい音読の区切りの基準がクラスで共有され、子ども達もいい加減に読まなくなり、音読活動に張り合いが生まれます。

また、スラスラ読みも促進されます。

そして、ゆくゆくは意味の区切りを考えて読む「意味句読み」へと移行していきましょう。

✕ いい加減に区切って読むのを放置する

指導しないと子どもはいい加減に区切る

○ まずは句読点読みを徹底する

句読点読みを徹底すると張り合いが生まれる

▶ポイント

初めは句読点読みで三原則の音読を育てていく

16

「ひらがなの読み間違い」を問題視する

子ども達に音読させると、必ずといってよいほど読み間違いや読み飛ばしが発生します。こういう時、子ども達の実態に合わせて効果的に指導をしていくことは重要です。

教師が口であれこれ言うよりも、たった今子どもが読んだ読み声を題材に指導していく方が、子ども達の納得感を得やすいからです。数ある読み間違いの中でも、ここでは特にひらがなの読み間違いについて述べたいと思います。

▼ひらがなの重要性

日本語において、「は」「を」「が」「こそ」「も」「さえ」などの助詞や「しかし」「だから」「ところで」などの接続詞は非常に重要です。例えば「は」が使われるのと「も」が使われるのとでは、かなり意味が変わってきます。「花子は被害者だ」という文と「花子も被害者だ」とでは、そこから読み取れる意味合いが変化します。接続詞に関しても同様です。段落の頭に「だから」とあるのと「つまり」とあるのとでは、その後の展開は変わります。このように、助詞や接続詞は日本語において非常に大きな役割を果たしています。そして、これらはひらがなで書かれます。

子どもは難しい漢字の読みには集中しても、ひらがなは軽視していい加減に読み間違えたり、読み飛ばしたりする場合があります。そういった読み間違いがあった場合、教師は積極的にそれを題材として指導していくようにし、一語一語を大切に扱う子達へと育てていきましょう。そのためには、まず教師が「日本語においてひらがなは重要だ」という認識を持つことが重要です。

×　漢字の読みばかり指導する

漢字ばかりを気にしてしまう

○　ひらがなの読み間違いを指導する

「ひらがなだけなら」と頑張れる

ポイント
読み間違いの指導を通じ、一字一字、一語一語を大切にする子へ育てる！

17

「説明文」こそ音読指導に力を入れるべき

「音読指導といえば、物語で行うもの」という固定観念がないでしょうか。

感覚を養うことに偏った音読指導においてよく見られるのが、物語文（文学的文章）でばかり音読指導に力を入れているような状況です。

たしかに、各学年の物語の第一教材では、音読が言語活動に位置付けられることが多いです。学年の初めに、全員が取り組める音読から入っていき、物語に親しませるという効果もあるでしょう。これは、確かに感覚を養う上で有効だと思います。

しかし、本書では感覚の養成よりも、スラスラ読み上げる力を育成することをさらに重要視しています。そのためには、説明文でこそ音読指導に力を入れるべきなのです。

なぜ説明文の方が、スラスラ読み上げる音読に向いているのでしょうか。試しに、国語教科書の物語文と説明文とを比べてみてください。物語文には、説明文には普通ない会話文（「　」）があります。また、会話文の他に「…」や「—」などもあります。登場人物の心情を鑑みると、スラスラ読み上げると違和感がある部分も多くあります。これらを踏まえると、説明文の方が割り切ってスラスラ読みがしやすく、指導もしやすいのです。説明文こそ音読指導に力を入れましょう。

18 読解にばかり時間を割かない

国語の授業時数は全教科の中で最多とはいえ、学習内容も増えており、なかなか余裕がないのも事実です。文学的文章や説明的文章を扱う標準時数も減っており、低学年であれば10時間ほどかけることができる教材もありますが、中学年からは減っていき、高学年では4時間という教材さえあります。

そんな中では、どうしても読解ばかりの授業になってしまいがちです。

しかし、授業で高度な読解ばかり扱っていても、そもそも子ども達がスラスラ読み上げることすらできなければ、それは砂上に楼閣を築くようなものです。

ですから、まずはしっかりと音読指導をしていくようにしましょう。もちろん、学習指導要領に記載されている指導事項を達成するための読解は必要ですから、教材研究の段階でそのための学習活動を精選していき、音読指導に時間を割けるようにしていきましょう。あれもこれも読み取らせようとせずに、ねらいを達成するための活動を絞るイメージです。

そして、子ども達の1年間の音読への取組みを決める年度初めの教材では、積極的に音読指導に時間を割くようにしましょう。音読は読解よりも多くの子が参加できるので、子ども達の学習への意欲を高める上でも有効です。

19

「具体的数値」を示して指導する

当然のことですが、音読は音声言語で行われます。読んだ途端その読み声は消えていきますから、「今の読み声はどうだったのか」ということに対して教師の指導が大切になってくるわけです。その指導が「もっとしっかり読みなさい！」といった抽象的な言葉に終始するものでは、子ども達には伝わらないことが多いでしょう。

教室の中で、「しっかり読む」とはどういうことか、どの程度声を出し、スラスラ読むのか、どこで区切るのかなどが共有されていなければ、「しっかり」と言っても子ども達には理解できないのです。

抽象的な指導を脱却するためには、先に述べた子ども達の声で「具体化」することが有効ですが、他にもたくさん手はあります。その一つが「具体的数値を示す」ということです。

例えば、「ＮＨＫのアナウンサーは1分間に300文字のペースで原稿を読むそうです。このスピードが、聞いている人が最も理解しやすいそうです。みんなも同じペースで読めるかな？」と伝えると、子ども達は「やってみたい！」と必ず言います。

こうした「具体的数値」の引き出しを多く持っていると、音読指導も捗るでしょう。

20

高低の指導をすべき

金田一春彦（1991）によれば、日本語は「強弱の言語」ではなく「高低の言語」といえるそうです。「強弱の言語」の代表が英語です。英単語を学ぶ際、必ずアクセントはどこかを確認することになります。

一方、日本語は比較的平坦で、アクセント、つまり、発音の強さの差はあまりありません。日本語は強弱ではなく「高低」を使い分けることで成り立っています。ですから、「高低」を正しく音読させることは、日本語の特質上、非常に重要なのです。これは、一単語でも、一文でも言えることです。

例えば、「あめ」という単語を例にとって考えてみましょう。「高↓低」で読むと「雨」という言葉になります。一方、「低↓高」で読むと「飴」という言葉に変化します。これらは、高低によって意味が変わってしまうという極端な例ですが、意味が変わるまでいかなくとも、高低を間違えて読むと非常に違和感があります。

また、一文を読む時にも、高低を使い分けて読みます。一文を読むときの高低は、説明的文章でも文学的文章でも、基本的には「高↓低」です。これが逆になると、尻上がりになって幼い読み方になってしまいます。高低に気をつけるよう指導すると、子どもの音読が一変します。

21

音読カードの評価よりも教師の評価

音読カードには、もちろん良さもあるでしょう。例えば、子ども達が音読をした記録を残せることや音声で消えてしまう音読を可視化して提出できることなどです。

また、音読カードに「はっきり読めた」「スラスラ読めた」「心を込めて読めた」など評価項目を設けて、家で評価してもらうように作る先生もいます。これも、ある程度は子ども達に読み方を意識付けられるというメリットがあるでしょう。

しかし、音読カードの長所があることを認めた上で、やはり「これらが機能するには学校でのしっかりとした教師の指導があってこそ」と言わざるを得ません。

音読カードでの評価では、子ども達の音読を正しく評価することができません。子どもによる自己評価や家庭での評価になるからです。例えば「ハキハキ読めた」と書いてあっても、子どもは自分ではそう感じたかもしれませんが、教師の耳で聞いたら「まだまだ」だということが多くあります。

こうしたことが続くと、子ども達の取組みはどんどん「いい加減」なものになっていきます。学校で教師が一人ひとりの音読を聞き、それらに対して個別評価や助言・励ましをしてこそ、子ども達はやる気になり、家での取組みのレベルも高まっていくのです。

22

「声を出そうとしているかどうか」で評価する

音読では、「声が大きいこと」が重視される傾向があります。もちろん、声を張って読めることはよいことであり、積極性や自己を表現するという点においても教師が子ども達に求めていきたい点ではあります。しかし、声の大きさだけを子ども達に求めてしまうと、苦しい思いをする子達が必ずいます。元々、声の大きさは一人ひとり違います。それなのに、一元的に「声の大きさ」で判断して評価していると、声の小さな子達は音読が嫌いになってしまうでしょう。

そういう子達には、「ハキハキ」（声の大きさ）だけでなく「スラスラ」や「正しく」といった他の原則の観点で評価してあげるべきです。声の小さな子達は、元々音読に対してよいイメージは持っていないでしょうから、「○○さんは、本当に正しく読めているね。区切りや高低も完璧です」などとなるべく肯定的な評価をしていくべきです。

また、どれくらい声が「出ているか」ではなく「出そう」としているかで評価します。そのためには、年度初めの様子や休み時間の声の大きさといったデータをしっかり集めておくことです。年度初めよりも声が出ていたり、休み時間の遊んでいる時よりも声を出していたりしたら、すごく頑張って声を「出そう」としている証拠です。「頑張っているね」と大いに褒めるべきです。

23

音読のテストをする

音読は漢字と並んで小学生の宿題の常連です。ほとんどの小学生が家で音読の宿題を課せられているといっても過言ではないでしょう。私自身も小学生の頃に音読が宿題として出されていました。小学校の教師になってからも、周りの先生方が出しているからという理由で、何の疑問も持たずに宿題に出していました。

しかし、私はある時ふと思いました。

「漢字の宿題は、学校で漢字テストをするから一応評価はしている。音読はどうなのだろうか……」

学校で一人ひとりに音読させて、それを聞くという時間を授業でとることもしっかり評価することもしていなかった私は、「宿題をさせっぱなし」にしていると気づいたのでした。

そこで、私は音読テストを行うことにしました。国語の市販テストでは、主に読解力のみが試されますし、授業中に子どもに音読をさせることはあっても、評価するというより授業を進める上で読ませているという側面が大きいように思います。つまり、子ども達はこれだけ家で宿題として音読をしているにもかかわらず、その成果を発揮する機会を与えられていなかったのです。この音読テストを取り入れてから、子ども達の音読へのやる気や家での取り組みの様子もグッと向上しました。

24 音読指導を通じて学級をつくる

第1章でも紹介しましたが、音読指導を通じて育てられる子どもの力は多岐に渡ります。音読は国語科の学力だけでなく、基礎学力にも相関しています。

また、学力だけでなく積極性や前向きさ、明るさといった側面も伸ばすことができます。音読指導を通して、人前で声をしっかり出すこと、ひいては自分を出していくことに慣れていくからです。

音読指導の成果を音読の場面だけに留めていてはもったいないです。子ども達が音読が上手になり、学力が伸びるだけでなく、積極的でイキイキして前向きな一人ひとりに育てることを意識しましょう。一人ひとりがそのように育っていけば、自然とよい学級になることは想像に難くないでしょう。

このように、音読指導のメリットを存分に生かしていけば、音読指導を通して学級をつくることも可能なのです。教師が、「音読を学級づくりに生かす！」という意識を持つことが重要です。

音読は、基本的に誰もが取り組めるシンプルな学習です。意味句読みや朗読、読解と絡めるなどして指導すると、非常に奥深く知的な活動にすることもできます。つまり、教師の指導次第で、学力が低い子から高い子まで全員が夢中になれます。音読は、学級をつくっていくのにぴったりなのです。

第3章

これだけはおさえたい
音読指導　基礎編
――音読三原則

1 音読指導はまず「範読」から

音読指導は、教師が「範読」をして模範を示すところから始めていくべきです。教師が模範を示した後、子どもに真似させていきます。この流れを基本にして、あとは子ども達の実態に即して変化させていくこともできますが、まずはこの流れできちんと指導することが音読指導充実の第一歩だと思います。この流れで指導すると子どもにとって無理がないからです。

学習が苦手な子、音読が苦手な子は文章を渡されて「家で音読練習しておくように」と言われても、自分一人ではなかなか出来ません。

また、保護者がいないあるいは仕事の事情などで家庭で音読を見てもらえないとなれば、より一層状況は難しくなってしまいます。

ですから、学校できちんと教師が模範を示し、真似させ、その後一人で読むという流れを踏む必要があるのです。

音読する力は、学力の基礎となる力で特に全員に保障したい力です。

そんな音読を指導する際に、いい加減で子ども任せになってしまうような放任的な指導では、格差を助長してしまいます。この流れできちんと指導することが重要です。

▼範読の方法

「範読」は、教師が音読をして子ども達に音読のモデルを示すことです。「範読」の際、気をつけるべきことは、何も声優やナレーターのような、表現力豊かな朗読をしなくてはいけない、ということではありません。それでは多くの先生が模範を示すことが出来ません。

これまで見てきたように、学校教育における音読指導の第一義は「読み上げる力の育成」、つまり「スラスラ読める力」をつけることでした。

また、音読活動を意義あるものにしていくには、やはりしっかり声を出して自分でその声を聞くことも大切ですし、正確に読むことも大切です。

それら「ハキハキ」「スラスラ」「正しく」を具体化した三原則の音読を「範読」として子ども達に対して読んでいけばよいと思います。

教師がなかなか出来ないことを子ども達全員に求めることは出来ません。しかし、この三原則をしっかり踏まえた音読であれば、きちんと模範を示すことは可能でしょう。

三原則の音読の模範を示す

2

追い読みでやってみさせる

範読の後、取り組むのは「追い読み」です。

「追い読み」とは、教師が読んだ後、同じ箇所を子どもが繰り返し読むことです。

範読で読み方を知った後、それを子ども達が実際に行っていくことになります。

一度聞いただけでは、すぐにその通り読める子はとても少ないので、教師がまたモデルを聞かせてすぐにその後子ども達に読ませるわけです。

「追い読み」をしないで範読を行うだけでは、音読が苦手な子は正しい音読がわからず、家でしっかり練習することも出来ません。

正しい音読像（三原則の音読）を子ども達に範読でしっかり伝え、「追い読み」でやってみさせていくことで、子ども達はどのように音読すべきなのかがわかってきます。

学校で音読指導をする大きな目的の一つは、一人ひとりの音読力を高めていくために自分一人で質の高い練習ができるようにすることです。

そのために、このように丁寧に順を追って指導していく必要があるのです。

▼効果的な追い読みの方法

ただし、普通に追い読みをやると少し問題点があります。
それは、時間がかかりすぎることと、それによって子どもがダレることです。
そうならないためにも、一度の精度を高める必要があります。
そこで、追い読みでは、子どもがダレないように、なおかつ家で一人で読めるように、と強く意識して指導します。具体的には、次のことを意識しましょう。

まず、「追い読み」に入る前に、「今から先生の後に続いて読みます。家では宿題で一人で読まなくてはいけません。きちんと読めるように、今、先生と練習しましょうね」と今後は一人で読むことを予告しましょう。

また、子どもがダレないように追い読みのテンポをあげましょう。具体的には、子どもが読み終わる3文字前くらいで教師は次の文を読み始めるようにしましょう。すると、テンポが格段によくなり、子ども達はダレづらくなります。

そして、子ども達が読みにくい箇所がある（声が小さくなったり、バラバラになったりする）場合は、何度か繰り返すようにしましょう。これも、子ども達が家で一人で読めるようにするためです。

追い読みは何文字かかぶせるとメリハリがでる

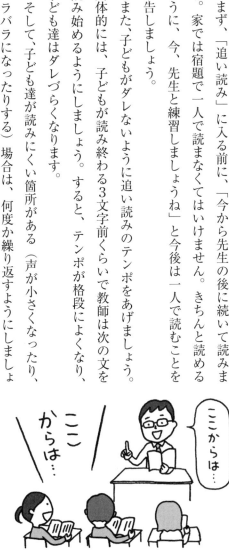

3

「マル読み」で一人ひとりの読みを聞く

「追い読み」まできちんと指導したら、数日後、「マル読み」で個別評価をしていきます。

「マル読み」とは、読んで字のごとく句点「。」で区切って、座席の順番などで交代しながら読んでいく読み方のことです。

追い読みとは違い、子ども達は一人で音読していきます。

一人の子が句点までいったら、つまり一文読み終えたら、次の子が次の文を読みます。

「マル読み」は、教育現場では最も主流とされている音読の回し方だと思います。

おそらくどの先生も行ったことがあるでしょう。ですが、子ども達に「読ませる」ためだけに行っていてはもったいないです。

「マル読み」の本当の役割は、一人ひとりの読む声を教師が聞き評価できるということにあります。

つまり、個別評価に適しているのです。

個別評価は、音読指導において非常に重要です。個別評価によって一人ひとりの子ども達の音読力の伸びがほぼ決まると言っても過言ではありません。

▼一人ひとりの読みを聞くことの重要性

音読指導に限らず、子どもの実態を把握することは、指導の方向性や重点を決める上で非常に重要です。どんな指導も、実態把握から始まっていきます。

しかしながら、音読指導においては、それが十分になされているとはいえません。学校の国語の授業では、一人ひとりに音読などさせず、読解にばかり時間を割く傾向が見られるからです。すべての物語や説明文の単元で音読指導に時間を割き、一人ひとりの音読を十分聞くことは難しいかもしれません。

しかし、軽重をつけるなどして、特に年度初めの「読むこと」の単元では音読指導に時間を割いて、一人ひとりの音読を聞き、実態を把握するように努めるべきです。

スラスラ読み上げる力は、読解の基礎となり他の学力とも関係しています。また、どの学年でも重要です。一人ひとりの実態をしっかり把握していくようにしましょう。

一人ひとりの読みを聞くことから音読指導は始まる！

4

音読三原則とは？

本書で目指すのは、全員にスラスラ読み上げる力を保障し、その後さらに発展させていくことです。そのスラスラ読み上げる力を具体的に示したのが「音読三原則」です。

音読三原則は、「ハキハキ」「スラスラ」「正しく」です。

ここでは、改めてこれらがどんな読み方を指し、そしてなぜ大切なのかを考えておきましょう。

▼「ハキハキ」「スラスラ」「正しく」はどんな読み方で、なぜ大切か

まず「ハキハキ」とは、ゴニョゴニョと不明瞭に小さい声で読むのではなく、一音一音をはっきりとしっかりした声で読むことです。

ハキハキ読ませることで、自分の声を自分で聞き、理解を確かめたり深めたりするということがしやすくなります。

また、何度も何度も声に出して読むことで、日本語のリズムが体に染み込んでいき、「言語感覚」を養成することができます。

次に「スラスラ」とは、つかえることなく流暢に読み上げることです。

これは、既に述べてきたように音読指導の中心的なねらいとなる力です。「スラスラ読み上げる力」は、読解力だけでなく学力全体にも相関するからです。子ども達がつっかえることなく、流暢に文章を読み上げられるようにしていくことは、小学校教師の義務とさえいえると私は考えます。

最後に「正しく」とは、書いてある文章を間違えることなく音読することです。

教師は、音読指導の中で、子ども達が一つひとつの言葉を正しく大切に読むように指導していくべきです。

教師が、子ども達が正しく音読しているかどうか、読み間違いがないかどうかに敏感になり、きちんと細かいところまで目を向けさせていくようにすれば、子ども達は一つひとつの語句を正しく認識することができるようになります。

「語彙を豊かにすること」は学習指導要領にも書かれていますが、その一歩は語句を正しく認識し、読めることだと思います。つまり、音読指導は語彙指導にも通じてくるのです。

このように、「ハキハキ」「スラスラ」「正しく」は全員に保障すべき音読三原則といえます。

ハキハキ、スラスラ、正しくを
全員ができるように指導しよう

5

三原則の指導の順序

音読三原則の「ハキハキ」「スラスラ」「正しく」はどれも重要です。

ですが、一般的に教育現場では「ハキハキ」のみが重視されて指導されているように思います。

それは、既に述べたように、教師が、「もっと声を出して！」くらいしか指導できないことが原因だと思われます。

もちろん、しっかり声を出させハキハキ読ませることは重要なのですが、それだけでは「スラスラ読み上げる力」に繋がらないので、私は「スラスラ」こそ教師が特に意識して指導すべき原則だと考えています。

また、「正しく」についても、一般的に、語句を読み間違えないことのみが指導されているように思います。例えば読み間違えた時、「ここは○○と読みますよ」などのように訂正するくらいでしょう。

しかし、それだけでなく、区切りや高低についても「正しく」読ませることが、言葉を正しく認識することに繋がります。

このように、どの原則も重要といえば重要であり、だからこそ「原則」なのです。

それでも、この三原則には、指導の順序があると私は考えています。

▼「ハキハキ」があってこその「スラスラ」と「正しく」

まず初めに、「ハキハキ」を指導していきます。

これまで見てきたように、「スラスラ」も「正しく」も非常に重要なのですが、これらはやはり「ハキハキ」があってこそのものです。明瞭にしっかりとした声で読むことなくして、音読力は高まっていきません。

そのため、三原則の中でも「ハキハキ」は一番最初に達成すべき原則です。

「スラスラ」と「正しく」を先に指導していくと子ども達はどうしてもゴニョゴニョと読み、明瞭に発音しようとしなくなります。そうなってしまってから、「ハキハキ」と読ませるのは難しいことです。

逆に、先に「ハキハキ」を根付かせるように指導していけば、それを保持しながら「スラスラ」と「正しく」も同時に達成していくことができます。

このように、音読三原則の指導では、まず「ハキハキ」を優先的に育て、それをベースにしながら他の二原則へ広げていくようにしましょう。

三原則の指導では、
まず「ハキハキ」を根付かせよう！

6 ハキハキの指導①　年度初めに力を入れる

ここからは、三原則の指導を一つひとつ細かく具体的に見ていきます。

最初は「ハキハキ」の指導です。

「ハキハキ」は明瞭に発音し、自分の声を明瞭に聞き取るという点において重要です。

もちろん、しっかり声を出して読ませることは重要ですが、声の大きさは子どもによって違います。

全員に求めるのは「大きな声」ではなく、声を「出そう」とすることであり、「ハキハキ」と明確に発音するということです。

▼年度初めの指導を大切に

「ハキハキ」の指導では、「音読とは、これくらいしっかり声を出して、はっきり発音することだ」と実際に読ませて具体化させながらクラス全体で共有していきます。

子ども達は、往々にして「自分は『ハキハキ』読めている」「それくらいは余裕でできている」と思っています。

あるいは、「これくらい声を出して読めば大丈夫だろう」と高をくくっています。
実際には蚊の鳴くような声であっても、「今までの先生に指摘されずに済んできたし、大丈夫だろう」と捉えているのです。

ですから、「ハキハキ」の指導は、年度初めが最も肝心です。

子ども達の力を抜く態度を見逃さないようにするのです。

「ハキハキ」は基本的には誰でもその気になればできることです。

他の「スラスラ」や「正しく」、また、それより先の「意味句を考えて自分で区切る（意味句読み）」という読み方はある程度の語彙力や読解力を要します。

それに比べて「ハキハキ」は、つっかえてもよいし間違えてもよいので、とにかくはっきり明瞭に、しっかりとした声で読めばよいのです。

年度初めは、こうした「誰でもその気になればできる」ことから指導していくべきです。

そうして、成功体験を積ませ、達成感を得させていくことで音読やその他の学習への意欲も高まっていきます。

「ハキハキ」の指導では年度初めが肝心！

7 ハキハキの指導② バッサリ切る

それでは、どうしたら子ども達がはっきり明瞭に、しっかりとした声で読むようになっていくでしょうか。

それは、「いい加減」を許さず、バッサリと切ることです。

先述のように、子ども達は初め「自分はできている」と音読をナメてかかってきます。

いい加減にボソボソと読むのを見つけたら、「聞こえません。次の人」と回してしまうのです。

こういった一見「厳しい」指導は、年度初めしかできない指導です。

また、子どもによっては元々非常に声の小さい子もいますから、そのような子にはきちんと配慮することが必要です。

ですが、私の経験では、こうした「バッサリ切る」ような一見厳しい指導は、逆に子ども達の音読へのやる気を高めることが多いものです。

多くの場合、子ども達はこれまでほとんど自分の音読に対して指導など受けてきていません。自分では「できている」と思っていたことが、「できていなかった」ということに気づかされ、「やってやろう」という気持ちになるのです。

▼子どもはそんなに弱くない

そもそも子どもは一度「ダメ」と言われたからといって、すぐにやる気を失ってしまうほど弱くはありません。

むしろ、自分としてはそんなに頑張ってもいないのに「上手だね」とおだてられたり、全く自分を評価してもらえなかったりする方がよっぽどやる気を失います（私からすれば、今の音読指導はほとんどこのような状況です）。

そんな状況を打ち破るのが、バッサリと切る指導です。子ども達は音読に対してダメ出しをされる経験すらほとんどないので、最初はあっけに取られます。

しかし、それを乗り越えて「もう一度読みたいです！」となっていくと、多くの子が音読への姿勢を変えていきます。子どもは、本当は強いのです。

恥をかかせないように、また、冷たく突き放しすぎないように、学級の雰囲気に配慮しつつも、よくないものにはよくないと端的に、伝えていきましょう。

子どもは思っているほど弱くない。
よくないものはよくないと伝えよう

8 ハキハキの指導③　具体的に指導する

しかし、いうまでもなく、ただ「バッサリ切る」だけでは指導としては不十分です。

まずは、なぜ「ハキハキ」と、明瞭に声を張って読む必要があるのかを伝えましょう。つまり、意義を伝えるわけです。これがないと、子どもはただ「先生がやれと言うから」それに従ってハキハキ読むだけになります。これでは、良い指導とは言えません。

ハキハキと音読する意義は、これまで述べてきた通りです（3章5参照）。それを子どもに分かりやすく伝えるようにしましょう。

特に、子どもは「自分の声を自分で聞いて理解したり、感覚を養ったりしている」とは思っていないので、そのことを中心に説明して、「だから、自分で自分の声をしっかり聞けるようにしないと意味がないでしょう?」と投げかけると、理解し納得してくれます。

▼具体的に「どうしたらよいか」指導する

次に、具体的に「どうしたらよいか」を指導します。これには2通りのやり方があります。

一つ目は、子どもに読ませながら、子ども自身の声を使って具体化していくことです。

これは、教師がハードルを高めて、子ども達に何回か読ませつつ、はっきりと明瞭な読み声を引き出していく方法です。

百聞は一見に如かず、です。教師が何度も「こう読むんだよ」と伝えるよりも、子どもが自分の声で「これくらい声を張って読むのか！」と体験し気づくのが最も効果があります。

そのためには、「ハキハキ」だけに焦点化して指導して、一人ひとり読ませていき、「聞こえません」「もう少しだね」「聞こえてきました」「はっきり発音していますね」などと個別評価していくことです。また、学習活動を通して「自然とはっきりとした声が出ていた」という経験をさせるのも一つの手でしょう（4章「タケノコ読み」や「ペア読み」を参照）。

二つ目は、体の使い方など「技能的」な指導でも「どうしたらよいか」を具体的に示すことです。しっかりした声で読ませるには、「口をしっかり開けること」「息をたくさん吸って吐くこと」「姿勢を正すこと」の3つが重要です。

ポイントは、これらをバラバラに指導するのではなく、繋げて指導することです。姿勢を正すから息をたくさん吸え、口をしっかり開けるから吸った息を使って声を出せるのだということを繋げて指導していきます。

息をたくさん
吸って吐く
口をしっかり
開ける
姿勢を正す

意義と「どうしたらよいか」を指導する

9 ハキハキの指導④ 教師が示す

いくら口で指導をしても、教師が率先垂範していなくては、子ども達も「しっかり声を張って頑張って読もう」という気になりません。

教師自身が模範を示し、モデルとなることで、子どもはハキハキと音読するようになります。

つまり、教師自身が範読の練習をして、腹からしっかり声を出して遠くに声を届けられるような音読を子ども達に聞かせるのです。

また、しっかり声を出すだけでなく、口を大きく開け明瞭な発音で読むようにします。

これらは、そんなに難しいことではありません。

「朗読」のような表現力も要求されません。

三原則の音読でよいのです。それこそが、全員に保障したい音読だからです。

これを、教師自身が一生懸命行うことには、ただ口で指示するだけとは比較にならない効果があります。

▼教師自身が模範を示すことに意味がある

「追い読み」の際に、教師がしっかり声を出して読んでいれば、自然と子どももつられてしっかり声を出します。時には、「先生一人の声にみんなは負けているね？」などと挑発してもよいかもしれません。

音読は体育のマット運動や水泳、音楽の歌唱などと違い、どんな教師でも子ども達に模範を示せる領域です。

子どもが音読にしっかり取り組むかどうかは、最終的にはこういう細かいところにかかっているのだと思います。これは、何も音読指導に限ったことではありません。他の指導でも同様です。他の大人ではだめなのです。毎日関わる自分の先生が一生懸命やって見せてくれることにこそ大きな意味があるのです。

「教師は最大の教育環境」とは教育界で知らない人はいないくらい知れ渡った言葉です。

しかし、それを身をもって、自身の実践を通して実感している教師は意外と少ないでしょう。

教師が一生懸命に示すことで子ども達が応えてくれる、教師が示すことで子どもがやる気を出す、そんな「教育実践の根本」を、誰もが取り組める音読指導から掴んでみませんか？

10 スラスラの指導① 意識を変える

「スラスラ」の指導では、先に述べたように「少し早すぎるかな」くらいのスピードで読ませるように、教師が意識していくことが大切です。

子ども達は、教師が思っている以上に素早く読み上げることができます。様々な手を使って、読むスピードをどんどん引き出していきましょう。

▼ゆっくり読むのがよいと子どもは思っている

三原則の音読では、ゆっくり読むことよりも、素早くスラスラ読むことを求めます。朗読となれば話は別ですが、本書では三原則の音読を全員に保障しつつ、それが達成されたら次の段階、つまり朗読などへとステップアップさせる指導法をとります。

ですから、三原則の音読を指導する段階では、ゆっくり読ませず、素早く読ませることを意識しましょう。

この点に関しては、教師の意識を転換させることも重要ですが、それに伴って子ども達の意識を転換させていく必要があります。

子ども達は、何も指導しないとすごくゆっくり読みます。

低学年の子達ほどこの傾向は強いですが、高学年でもこの傾向はあります。

子ども達はゆっくり読むのがよいと思っています。それは、朗読と音読とをごちゃまぜにして捉えているからです。「朗読」は表現力を培うとともに、聞き手に場面の様子や登場人物の心情を伝える読み方をするのがよいですが、本書での「音読」は主に子どもが自分自身のために行うものと位置付けています。

つまり、朗読は人に聞かせ理解させるためのもの、音読は自分が理解し表現するためのものなのです。

音読が早ければ早いほど、黙読も早くなるはずです。

逆に、音読が遅ければ遅いほど、黙読も遅くなってしまうでしょう。

音読が遅いということは、目で見て文字や語句を認識するスピードが遅いということだからです。

子ども達にも、「音読は何のためにしていると思う？」などと尋ねながら、「自分の読む力を高めるため」「自分の耳で聞いて理解するため」であるということを指導し、「それなら素早く読んだ方がよい」と理解させていきましょう。

もっとスピードあげるよ！
えええっ
できるかなぁ

子ども達の固定観念を打ち破る

11 スラスラの指導② 追い読み

「スラスラ」の指導では、先に述べたように「少し早すぎるかな」くらいのスピードで読ませるように、教師が意識していくことが大切です。

子ども達は、教師が思っている以上に素早く読み上げることができます。様々な手を使って、読むスピードをどんどん引き出していきましょう。

▼追い読みで子どものスピードを引き出す

子ども達の読むスピードを上げ、「スラスラ」流暢に読ませていくには、ハキハキの指導と同様、まずは教師自身が模範を示すことです。

教師自身が、求める「スラスラ」の読みのスピードを示し、それに子ども達を呼応させる形でスピードを上げていくように指導していきます。

具体的には、「追い読み」の際に、教師が読んでモデルを示し、それを読むスピードも含めて子ども達にそっくり真似させていくようにします。

「もっと早く」などと抽象的に指示するのではなく、教師が模範を示しているからこそ、子ども達もその早さのイメージを掴め、再現できるように努力するのです。

それは、ちょうど歌唱指導で教師が「この音だよ」とモデルを示しながら、子どもの声を引き出していくのと似ています。

教師は、日ごろから子ども達の読むスピードを気にかけるようにしましょう。その中で、子ども達の読むスピードに課題を感じたら、「追い読み」を少し多めに取り組むようにしていくようにするとよいでしょう。

また、3章2でも軽く紹介しましたが、子ども達の読むスピードを上げていきたいと思っている時の「追い読み」では、子ども達が読み終わる2、3文字くらい前に、もう教師が次の文を読んでしまうようにすると、非常に効果的です。

子ども達がダラダラせず、テンポとリズムが良くなり、結果的に子ども達の読むスピードも上がっていきます。

「追い読み」で教師がスラスラの模範を示しつつ、子どもの読むスピードを引き出す

12

スラスラの指導③　具体的数値を示す

2章でも述べましたが、読み声がすぐに消えていってしまう音読指導において、具体的数値を出して指導すると、基準ができて子ども達も分かりやすくなります。

特に、読み上げた文字数を用いることは、「スラスラ」読みの指導では有効です。

▼低学年でも1分間300文字以上を目指す

具体的に小学生はどれくらい読めればスラスラ読めていると言えるのでしょうか。

「スラスラ音読」に関しての先行研究・実践である市毛（2009）（27頁）では、具体的な1分間の読み上げ文字数を次のように示しています。

中学年……1分間300字
高学年……1分間400字

このような具体的な数値を伝え、実際に子ども達に1分間読ませて文字数を数えさせると、一気に音読活動に張りが出てきます。子ども達は嬉々として何度も読み、そして読み上げた文字数を数えるようになります。

また、「ハキハキ」を保てているのであれば、この基準よりもさらに素早く読ませてもよいでしょう。学校での「音読」は聞き手に聞かせるためでもありますが、それ以上に自分の読み上げる力を高めるために、つまり読み手自身のためにやっています。

できる子に、さらに素早く読ませるのは全く問題ありませんし、むしろその子達にとって歯ごたえが出てきて、意欲が更に高まります。

先に挙げた市毛（２００９）では中学年からの「スラスラ」の基準が示されていましたが、私の個人的な経験では、1分間に300字というのは低学年でも十分できます。

高学年はむしろ450～500字ほどでもよいでしょう。素早く読めるということは、短時間でたくさん読めるということでもありますし、音読にたくさんの時間を割けない現在の状況にも適しています。

これらを踏まえ、低学年で300文字、中学年で400文字、高学年で500文字くらいを読み上げられるように、私は指導しています。ハキハキを失わないことに気をつけて、指導していきましょう。

13 スラスラの指導④　区切り

次項「正しく」の指導にて詳しく述べますが、「正しい区切り」の指導をしっかりすると、子ども達の「スラスラ」は一気に加速していきます。指導してみるとわかりますが、正しい区切りのみで一呼吸置こうとすると、結局は、その区切りまでは「スラスラ」と読まざるを得ないのです。

このことを有効活用して、「スラスラ」の指導を進めていくこともできます。「正しい区切り」の指導では、「句読点まで一息で（区切らないで）読む」ということを徹底していくのです。

好きなところで区切って読んでしまうのではなく、最初のうちは筆者の打った句読点の位置を尊重し、その通りに読むように指導します。これを徹底すると、かなり素早く次の文字、次の文字と目をずらしていかなくては、低学年の文章でも一息で読むのが難しくなっていきます。

「句読点まで一息に」読もうとすることで、自然と子ども達は「スラスラ」読もうとするようになっていくのです。これは、単に「もっと早く読みましょう。」と直接的に伝えるよりも効果があります。子ども達にとって「もっと早く」よりも、「句読点まで一息で」という方が具体的で取り組みやすいのです。「正しく」を指導していくことで「スラスラ」もカバーできるのは一石二鳥ですし、双方の要素を高め、相乗効果をねらえるので、教師が意識的に指導していきたいところです。

14 正しくの指導① 読み間違い

「正しく」の指導は、まず読み間違いがなくなるように指導することです。まず、子ども達の読み間違いの種類を知っておきましょう。山口政之（２０１１）では、音読中の読み間違いについて分類しています。中でも、次の４つが子ども達の音読で見られる主な間違いです。

・代用　・省略　・挿入　・躊躇

「代用」とは、書いてある言葉と異なる言葉を読んでしまうことで、例えば、「それから」とあるところを「それで」と読んでしまいます。「省略」とは、実際には書いてある言葉を飛ばして読んでしまうことで、例えば、「犬と猫がいました」とあるところを「犬がいました」と「猫」を省略して読んでしまいます。「挿入」とは、実際には書いていない言葉を自分で付け足して読んでしまうことで、例えば、「これだけ」とあるところを「たったこれだけ」と読んでしまいます。「躊躇」とは、読みが分からないあるいは自信がなく読むのを戸惑っていることです。

これらの読み間違いにどんな指導法が適切かをよく考えて指導するようにしましょう。

15

正しくの指導②　読みの訂正

前項で、子ども達の読み間違いの種類を紹介しました。それでは、これらの読み間違いへの指導として、どのような方法があるのでしょうか。

山口政之（２００９）では、次のような指導法が挙げられています。

- 手がかり（間違えた語の前まで読む）
- 無反応（意味を取り違えていない時）
- 短否定（例「いや」）
- 質問（理解を問う）
- 教える（正しい読みを教える）
- ヒント（単語の初めの音を言うなど）

これらを、先ほど挙げた読み間違いの種類と子どもの実態に合わせて使い分けることが重要です。

▼子どもの実態と読み間違いに合わせて指導を使い分ける

なるべく直接的に指導するのは避け、子ども達に考えさせていきたいところですが、全ては子どもの実態により異なります。

子ども達の実態と読み間違いの種類に合わせてこちらの指導を柔軟に変化させていきましょう。

例えば、音読が苦手な子が漢字のところで「躊躇」している場合、漢字が読めないという理由が考えられます。

この場合は、「ヒント」や「教える」が適した指導でしょう。手短に教えてあげる方がよいです。

反対に、音読が得意な子が助詞などの語を「代用」して読んだ場合、自分の頭の中で推測していることを読んでしまっていると考えられます。

この場合は、「短否定」や「手がかり」が適した指導でしょう。読む力はあるので、自分で気づかせていく方がより子どもの力になっていくでしょう。

子どもをよく見て、適切な指導を

16

正しくの指導③　区切り

本書の音読指導における「正しく」は、単に書かれている「言葉」を間違えずに読み上げるだけでなく、「区切り」も正しさの一つとして捉えます。

というのも、私は、これを最初のうちは厳密に見ていくことが、子どもの音読への意欲や読む速さの向上に繋がると考えているからです。何も指導しないうちは、子ども達は実に好き勝手なところで区切って読んでしまいます。

いわば無法地帯というわけです。そこに、明確な基準を与えることで、意欲や読む速さの向上につなげます。

▼まずは句読点読みの徹底を

「区切り」とは、音読の際に間を空けたり、息継ぎをしたりするところという意味です。

つまり、正しい「区切り」を指導するということは、間をあけて息継ぎをする箇所はこういうところ、と約束事を決め、クラス全体で共有していくということです。

どこまで一息で読み、どこで区切るのかの「正しさ」を決めることで、それまで区切りの基準が一切なかった音読活動に張りが出てきて、子ども達の音読への意欲と読みのスピードが高まります。

初めのうちは、「区切る」箇所は、句読点のみ、と徹底して指導していきます。

この指導は、神部秀一先生のお考えを参考にさせていただいています。また、杉澤（２０００）でも、句読点を大切にして読んでいくことの重要性が述べられています。

この指導をすると、子ども達は句読点まで一気に読まなくてはならなくなるため、音読活動に一気に緊張感が増します。音読に臨む姿勢が変わります。

また、句読点まで一息で読まないといけない、という意識を持つと、自然と目を先に先にずらしていくようになります。教育心理学の世界では、音読時に、見ているところと読み上げているところとのズレを「Eye-Voice Span」（ＥＶＳ）と呼んでいるようです。

そして、髙橋麻衣子（２０１３）では「成人の音読においては、2、3文字程度先行している」ことや「読みの熟達の程度によってＥＶＳの大きさが異なる（熟達しているほどＥＶＳが大きくなる）」ことが示唆されています。

句読点読みを指導していくと、子ども達のＥＶＳは大きくなっていきます。先の文字を自然と目で追うようになるからです。つまり、「スラスラ」も増すのです。

このように、句読点読みを「正しい」音読として、まずは指導していくことのメリットは多くあります。

17 正しくの指導④　高低

日本語が、英語等と比べて「高低」が重要視されている言語であることは2章にて述べました。高低に気をつけて音読できるようになると、非常にかっこいい音読ができるようになります。

そして、それは子ども達も容易に自覚でき、達成感を得られ、更なる意欲へとつながっていきます。

一文を読む時は、基本的に日本語は「高↓低」で読む方が適しています。

それを明確に指導していきましょう。教師も、子ども達も驚くほど音読がよくなります。

▼体験させながら上達させる

ですが、子ども達は声を張ろうとすると「低↓高」に陥りがちです。

よく、幼稚園の子ども達や低学年の子ども達に「ありがとうございました」と皆で言わせると、「低↓高」で「ありがとうございました↑」と語尾を高く上げて言うのを目にしたことがあるでしょう。

本来は「低↓高」の読み方、言い方は違和感があるにもかかわらず、子どもはそれを使いたがるのです。特に、声をしっかり張ろうとする時にはその傾向が顕著です。

ですから、「ハキハキ」を指導していくと多くの場合、このような「低→高」の不自然な読みに陥ります。高学年の子ども達であっても、声を張らせると文末を高く読もうとします。

多くの教師は、「高低」の指導をしません。

そんな中、子ども達に対して、文の「高低」の読み方を指導をすると、子どもは「そうだったのか！」と驚いたような表情をします。

そして実際に変わる自分の読み声に驚きます。子ども達には、「文の最初を高く読み始め、文の終わりを低く弱めに終わるようにしよう」と伝えるようにしましょう。

例を教師が示して、子どもにもやらせてみれば、一気に変わっていきます。

少し慣れてきたら、あえて「じゃあ、次は低→高で読んでみて」と伝えてやらせてみます。下手な音読をさせてみるわけです。

ついこの前まで子ども達はそのように読んでいたにもかかわらず、「うわ！　変だ！　幼い感じがする」と言います。

このようにすることで、子ども達は高低を意識してコントロールして読むことができるようになっていきます。

高低まで気を配って読ませる

18 個別評価① 授業中の指導

音読三原則の指導で、子ども達のやる気を引き出す上で最も重要なのは、個別評価です。

ここでいう個別評価とは、「一人ひとりの音読を聞き、それに対して適切に評価すること」です。

これがあって初めて、子ども達はやる気を出し始めます。それでは、授業中にどのように個別評価していけばよいでしょうか。

▼ほんの少しの変化を見逃さずに

基本的には、一人ひとりマル読みで読ませていき、それに対して教師がコメントをして評価していきます。ただし、一人ひとりに長くコメントしていると膨大な時間がかかってしまいます。そのため、端的に重要なことだけを伝えていく必要があります。

その際、年度初めの一人ひとりの音読の実態をよく覚えておき、そこからの成長に対してコメントしていくことを心がけます。ほんの少しの成長も見逃さないようにしましょう。

そして、評価の基準も音読三原則である「ハキハキ」「スラスラ」「正しく」に照らし合わせて評価します。あくまでも、ここでの個別評価は、音読三原則を子ども達に徹底していくためのものだからです。例えば、「前よりもはっきりと読めているね」「読むスピードが上がってきたね」「ハキハキ読んでいるし、スピードも上がっている」というような言葉で伝えていきます。

すると、子ども達も自分の成長が実感できたり、三原則をさらに意識できたりします。

また、評価を数値化したり可視化したりするのも有効です。自分の音読の出来を理解しやすくなるからです。例えば、次項の音読テストにも通じますが、1～5点やA～Eといった数値等で評価を可視化するなどです。

そうすると、子どもは自分の音読がどれくらい三原則を実現できているかがわかります。群馬の深澤久先生は、鉛筆を机の上に3本出させておき、一人ひとり読ませていきながら、上手に読めていたら1本鉛筆を出させたり、逆によくなかったらしまわせたりして、最終的に自分が何本の鉛筆を机に出せているかで、個別評価していく実践を提唱されています。

子ども達の音読の評価を可視化するという意味で非常に有効です。

そして、評価をした後は、それだけで終えてはいけません。子ども達に「自分の課題は何でどんなところだと思いましたか。言える人」と尋ねて考えさせます。教師から課題を伝えるのではなく、自分で考えさせることです。

このように振り返らせることで、自分の課題が明確になり、家での練習の質も向上します。

19 個別評価② 音読テスト

私は、読むことの単元では、市販テストだけでなく音読のテストも行います。授業中の個別評価は診断的評価や形成的評価であり、音読テストは総括的評価という位置付けです。

▼家で練習した成果を思い切り発揮できる場に

子ども達は毎日音読練習をしているにもかかわらず、その成果を発揮する場をほとんど与えられません。これでは、音読に対してやる気を失って当然です。そこで、私は単元末に音読テストをすることにしました。

まず、前もって音読テストをする日を子ども達に伝えておきます。

すると、6年生であっても真剣に音読練習に取り組み、音読テスト当日などは友達同士で音読練習する様子も見られます。音読カードだけを渡して家での練習にまかせっきりで学校では全く子ども達の音読を聞かない、というような教室では絶対に見られない子ども達の姿です。

実際の音読テストの流れは、「評価基準を示す」→「1人に2～3文読ませる」→「評価する」→「時間が余れば再テスト（希望者）」です。

評価基準は、次の通りです。

D：「ハキハキ、正しく、スラスラ」の三原則全てが不合格
C：三原則のうち1つが合格
B：三原則のうち2つが合格
A：三原則全てが合格
A○：三原則全てが合格で、1つの項目は素晴らしい
A◎（花丸）：三原則全てが合格で、2つの項目は素晴らしい
S：三原則全てが素晴らしい

子ども達の意欲を引き出しつつ、三原則の音読がしっかりできるようにしていくための個別評価であり、音読テストです。そのための評価基準をしっかり子ども達と共有しましょう。

初めはクラスの中での座席順など、順番を決めておく方が子どもも受けやすいです。慣れてきて、音読へのやる気も高まってきたら、「読みたい人？」と立候補制にします。

テストの時間がない場合は市販テストが終わった子から私のところへ来て読むことにしています。工夫して音読テストの時間を捻出しましょう。

20 個別指導

実は、音読の個別指導が必要な子はそこまで多くはなく、野口芳宏（２０１２）には「クラスでせいぜい一割」と書かれています。私も自分の経験に照らし合わせてみると妥当な数字だと思います。基本的には、ここまで述べてきたような音読三原則の全体指導と個別評価を組み合わせていけば、クラス全体の音読力は格段に上がるでしょう。

しかし、クラスに１割程度、それだけではなかなか音読力が上がっていかない子達がいるのも事実です。ここでは、そのような子達への個別指導について紹介します。

▼やる気を失わせない、嫌いにさせないことが第一

個別指導は本当に多種多様です。

子ども一人ひとりが違うからです。ですが、絶対に外してはいけないのは、「やる気を失わせないこと」です。ここを外してしまうと、教師がいくら手を打っても効果は出ません。ですから、決して恥をかかせないことです。

皆の前で何度も失敗させるなどして「自分は音読ができないんだ」と思わせてしまうと、より音読が下手になっていきます。

だからこそ、一対一で指導する必要があるのです。

個別指導を始める際には、本人の意思を確認します。音読が上手くなりたいと思っていることが、本人の口から出てくるように対話することが重要です。

実際の指導では、子どもが何につまずいているのかを掴むようにします。

多くの場合はたどたどしくつっかえながら読んでしまう子ですので、「目ずらし」を一対一で指導します。

「先生の指さしているところを見るんだよ」と教師が指で視線を先に先にリードしていきます。声に出すところと目で追うところとがずれることを体感させていくわけです。

また、低学年の場合、そもそもひらがなやカタカナの読みがすぐに出てこなかったり、語を認識できていなかったりすることもあります。

そのような場合はフラッシュカードなどでひらがな、カタカナ、単語を見せて瞬時に読み上げさせるところから始めるとよいでしょう。

このように、個に合わせた手を打っていくようにしましょう。

嫌いにさせず、個に合った手を打つ！

第4章

さらに力を伸ばす音読指導

発展編──暗唱、黙読、朗読

1 音読三原則を離れる「条件」

ここまでは、音読三原則を全員に保障し、「スラスラ読み上げる力」を育てるための指導法について述べてきました。

全員が音読三原則を守ってしっかり音読できるようになったら、ステップアップを視野に入れていきましょう。その方が、さらに子ども達の力を高めていくことができるからです。同時に、マンネリ化への対策にもなります。

今までの音読学習が「守破離」の「守」（基本を守る）だったのに対し、今度は「破」や「離」を目指すということです。

具体的には、教材文を覚える「暗唱」、声を出さずに読む「黙読」、意味ごとに区切って読む「意味句読み」、表現豊かに読む「朗読」等を導入していくということです。

▼音読三原則を離れてよい条件とは

ただし、子ども達が三原則の音読すらまともにできていない状態で、これらを取り入れるのは時期尚早です。

次のような子ども達の具体的な姿が見られるのが、音読三原則を離れてよい条件です。

- 全員に「句読点読み」が定着しており、いい加減に区切らず一息で長く読む習慣がついている。
- 国語科教科書に載っている物語、説明文をスラスラ読み上げることができる（低学年であれば1分間に250～300字程度、中学年で300～400字程度、高学年で400～500字程度をしっかりした声で読めている）。
- 算数や社会科など他教科の教科書の文を初見でつっかえずに音読できている。
- 教師が何も言わずとも、全員がしっかりとした声で音読に取り組んでいる。
- 教師が「この文、音読できる人？」などと尋ねた時、ほとんど全員が立候補する。

これらの条件を満たしていれば、音読三原則を離れてもまず間違いなく成功します。

2 三原則を離れる「意義」と「選択肢」

三原則の音読を離れる条件が整った場合、離れた方がよい意義はなんでしょうか。なぜこれまで、あれほど徹底して指導してきた原則を離れさせる必要があるのでしょうか。

意義は大きく分けて2つあります。

第一に、三原則はあくまでも「原則」であり、「理想」ではないからです。原則を守って指導していくことは、「スラスラ読み上げる力」を全員に保障し、音読へのやる気を高めるためでした。その過程で三原則は非常に重要です。

しかし、第3章でも見てきたように、音読指導の意義はスラスラ読み上げる力を高めるだけでなく、表現力を高めたり、言語感覚を高めたりする意義もありました。いわば音読指導の基礎である「スラスラ読み上げる力」を高められたのであれば、次の段階へと移るべきなのです。

第二に、上のレベルを設定することで、子ども達の意欲がさらに高まるからです。どんな指導、学習にもマンネリはあります。年度初めは三原則の音読を徹底して指導されたことはない子ども達ですから、新鮮であり嬉々として取り組みます。

しかし、永遠に続くわけではありません。必ずダレる時が来ます。上のレベルを設定することでそのマンネリを打破できるのです。

▼どのようにレベルアップするか

それでは、どんなレベルアップの仕方、つまり三原則を離れる選択肢があるのでしょうか。無数にあるとは思いますが、本書では４つご紹介します。

第一に、「暗唱」です。文字通り、教科書本文を見ずに諳んじることです。これは、比較的教科書教材の文章が短い低学年におすすめです。

第二に、「黙読」です。これも文字通り、声に出さずに読むことです。低〜中学年におすすめです。

第三に、「意味句読み」です。これは文意を考えて聞き手がわかりやすいように区切る読み方です。主に中学年以上で取り組めます。

第四に、「朗読」です。主に文学的文章を、表現豊かに読む読み方です。主に高学年で取り組みます。

これらを駆使してさらに子ども達の意欲を高め力をつける、奥の深い音読指導を行っていきましょう。

三原則を離れる選択肢は主に４つ！

3 暗唱指導①　暗唱とは？

「暗唱」とは、ここでは教科書の文章を諳んじることを指します。

私は、低学年の音読指導をする時、この暗唱を1年間のゴールとして指導することにしています。

「暗唱できる」ということは、それだけ子ども達が意欲的に音読に取り組み、読んで読んで読みまくった証拠といえるからです。

そんな意欲の高まりがなければ、低学年の教科書とはいえ、暗唱することなど絶対に無理です。逆に、子ども達が暗唱するくらい読み込んでいれば、ひとまずは、その年度の音読指導は成功といえるでしょう。

▼暗唱の意義とは

教科書でしっかり三原則の音読ができること自体、低学年にとっては十分満足できる成果です。しかし、この時期の子ども達の意欲をナメてはいけません。さらに上のレベルを設定すれば、容易にそれを超えてきます。

私が1年生を担任した年は、年度終わりにはクラス全員が国語科教科書（上巻）を暗唱していました。もちろん、唱え歌だけではなく、物語や説明文を含めてです。

全員が音読が大好きで、学習発表会でも「1冊暗唱（教科書を1冊丸ごと暗唱することをそう呼んでいました）がしたい！」とのことで、行ったことを覚えています。

それを見た保護者の方が唖然とした顔をしていたのを、私は今でも鮮明に覚えています。

子ども達は本当にすごい力を持っているものだと、私は痛感しました。

同時に、子ども達の可能性に蓋をしてしまっているのは、私達大人なのだろうとも思いました。

最初は音読に対して苦手意識を持っていた子も、1冊暗唱に合格する頃には、すっかり苦手意識は払拭されています。

暗唱することの最大の意義は、音読に対して確固たる自信をつけられるということでしょう。

授業中も、自信満々で音読に立候補するようになります。ただ読み上げるだけでなく、諳んじるほどの練習量がゆるぎない自信となるのです。

三原則の音読の徹底を図り、何度も何度も読み込ませたい低学年にピッタリの活動です。

確固たる自信を築ける！　低学年におすすめ！

4

暗唱指導②　無理なく、やる気のある子が取り組む

いくら、暗唱のメリットが大きいからといって、焦って年度の初めから導入するのはおすすめしません。最初から高すぎるハードルを設置すると、子ども達は意欲を失うことが多いからです。ですから、最初はとにかく三原則の音読を徹底して指導していきましょう。その延長線上に、暗唱があります。

子ども達にとって「ハキハキ、スラスラ、正しく音読できるように頑張って練習していたら、自然と暗唱できるようになってしまった」という状態が理想的です。

暗唱指導の主な対象は低学年ですから、三原則の音読ができるようになったところ止まりでも、全く問題はありません。

▼強制するのではなく、やりたい子がやる

前項にて、私が1年生を担任した時に全員が1冊丸ごと暗唱したと述べました。文字通り、全員です。特別支援を要する子もいましたが、3月まで粘って頑張り続け、合格しました。

しかし、この年、最初から子ども達に教科書を丸ごと暗唱させようとなど、私は考えてもいませんでした。とにかく愚直に三原則の音読指導を積み重ねていたのです。

すると、年度の中盤あたりに、ある子が「先生、うみのかくれんぼを覚えたから聞いて」と言ってきました。私が驚きながら、「本当⁉　聞かせて」と言うと、その子は得意げに悠々と文章を最初から最後まで暗唱しました。

私は、「頑張ったね」と言いながら、何気なくその説明文の題名のところにシールを貼ってあげました。そして、「○○さんは、なぜ覚えようと思ったの？」と聞くと、「ううん。音読の練習を頑張っていたら、覚えてしまったんだよ」と言いました。

その様子を見ていたほかの子達は、「私も見ないで言えるよ！」と言ってきました。本当にその子達も暗唱してしまっていました。

このような子ども達の様子を見た私は、暗唱カードをすぐに作り、教科書を暗唱することを子ども達に提案したのでした。

このように、最初から暗唱を前提にした指導ではなく、普段から三原則の音読指導を積み重ねていき、やる気のある子が暗唱に取り組むので十分です。

ベースは三原則の音読！

5 暗唱指導③ さらに上のレベルを設定する

子ども達は、本来暗唱が大好きです。

1年生に限らず、2年生を担任した時も、子ども達が私のところにやってきて、「先生、今度はどうぶつえんのじゅういを覚えたよ」などと嬉々として暗唱している姿を見ると、本当にそう感じます。長い文章を諳んじることができた時、特別な達成感があるようです。

また、体を揺らしながら暗唱する子が非常に多いことから、暗唱しながら、文章のリズムを体に刻み込んでいるような感じがします。

暗唱指導を始めると、そんな子ども達の姿に多く出くわすことになります。もしも教科書もすべて暗唱してしまうような子が現れたら、さらに他の文章を暗唱させるのもよいでしょう。

▼まずは教科書を使い倒す！

教科書には、やはり教科書に載るだけの価値がある文章が多いです。教科書会社や編集委員も、議論に議論を重ねて選定しています。

ですから、教科書を使い倒す方向性での指導がよいでしょう。

具体的には、教科書を暗唱させていくということです。

前項で述べたように、初めから暗唱を目的とさせるのではなく、あくまでも三原則の音読指導をしていって、自然と覚えてしまったという子が何人か出てきたら、チャレンジしたい子にチェック表を渡していくという感じでよいでしょう。あくまでも、「やりたい子がやる」ということにします。放っておいても、合格者が増えてくると、自然とチャレンジしたい子が増えていきます。

もしも、教科書をすべて暗唱してしまった子が現れたら、さらに上のレベルを用意しましょう。名文を集めて、そのクリアした子達に提示し、「自分が覚えたいものを練習してごらん。もしも覚えたら先生に聞かせにおいで」と伝えるだけでよいです。

私は、個人的な趣向で恐縮ですが、『論語』を子ども達に提示しました。先生方が子ども達に「読ませたい！」と思う文章で結構だと思います。

齋藤孝氏の『声に出して読みたい日本語』シリーズ（草思社）を提示してもよいでしょう。

また、「広島県教育委員会ホームページ内「子供たちに声に出して読んで、覚えてほしい・書いてほしい作品集」（https://www.pref.hiroshima.lg.jp/site/kotoba/sakuhinnsyu.html（２０２３年７月４日確認））なども参考になると思います。

6 黙読指導① 黙読とは？

「黙読」とは声に出さずに読むことです。一見、音読とは対極に存在しているように思えますが、実は高橋（２０１３）などによれば、音読は黙読ができるようになるために大きな役割を担っている、といわれています。

これは、音読指導を考えていく上で重要な見解です。

この見解を踏まえると、音読指導は声に出すだけで完結するのではなく、延長線上にある声を出さない黙読を見据えて指導していくべきといえるからです。

▼いつ頃から黙読指導を始めればよいか

それでは、具体的にいつ頃から黙読指導を始めればよいのでしょうか。

高橋俊三（１９８８）によれば、小学4年生頃からは黙読が音読の読むスピードを上回るといわれています。

つまり、一般的には4年生ごろから音読よりも黙読の方が、「読む」という点においては効率がよくなるということです。

もちろん、これはあくまでも一般的な場合の話であり、子どもによって個人差はあるでしょう。

しかし、特に小学校４年生頃までの学年を担任した際は、全員に「スラスラ読み上げる力」を保障し、その上で必要に応じて黙読移行の指導も積極的に取り入れていってよいと思います。

そうすることで、高学年になってもろくに黙読ができない、という子を生み出さないことに繋がります。

高学年になっても黙読ができないと、かなり不利益を被ることになります。

また、低学年を指導している場合も、子ども達が十分に三原則の音読ができている場合、黙読を視野に入れた指導をし始めてもよいかもしれません。

レベルアップして目標を高くするという点において、子ども達のさらなる伸びが期待されるからです。

このように、教師は、黙読移行のことも頭に入れつつ、子ども達の音読を見取り、指導していく必要があるのです。

黙読移行も頭に入れて音読指導に臨もう

7 默読指導②　読むスピードを高め声を小さくしていく

それでは、どのように黙読移行に向けた音読指導を行っていけばよいでしょうか。

私は、三原則の音読から、声の大きさを落としていき、それと同時に読むスピードを上げていくことでそれが実現できると考えています。

具体的には、「三原則の音読」→「高速読み」→「微音読」→「黙読」と進めていくことです。ここではそれぞれの概要を紹介します（「高速読み」及び「微音読」は5章に詳細を記載）。

▼黙読移行の手順

「高速読み」とは、文字通り、高速で読んでいくことです。

この際、「句読点で間を空けなくてよいこと（区切らなくてよい）」「普段ほどは無理だとしてもなるべくハキハキ読むこと」を注意点として子ども達に伝えます。

このように伝えても声の大きさは普段よりは落ち、その代わり読むスピードが格段に上がります。

それが微音読やその次の黙読に繫がっていきます。

「微音読」とは黙読の一歩手前の段階であり、声を出さずに心の中で読み、唇だけを動かして音読することです。

「心の中で、自分だけが聞こえる声で読む」ように子ども達に伝えます。「高速読み」よりもさらに素早く読ませます。

「高速読み」では「とにかく素早く読み上げること」を第一義として取り組むので文意を取るところまではいかなくてもよいのですが、「微音読」からは「素早く読み上げる（唇を動かす）」と同時に「意味が取れているか」についても確認していくようにすることが重要です。

黙読では、早く読めても意味が取れなければ、できているとはいえないので、微音読の時から、素早く読みつつも意味を捉える癖をつけるのです。

方法は簡単で、読み終えた後、「どんなことが書かれていた?」と聞き、文章内容を思い返させていくようにするだけです。

この2つを経て、最後に「黙読」では、「唇も動かさず、心の中で読む」と子ども達に伝えます。初見の文章を渡し、意識的に黙読を行わせましょう。ここでもある程度読んだら、どこまで読めたか、意味を捉えられているかを確認するようにしましょう。

このように「高速読み」→「微音読」を経て「黙読」へと至る過程が、私なりの黙読移行の指導です。

黙読へ向けた段階的な指導を！

8

黙読指導③　時には全体に、時には個別に

ここまで「黙読」移行に向けた音読指導を紹介してきましたが、この黙読移行への指導は、必ず取り組まなくてはいけないというわけではありません。

子どもの様子を見て、なかなか黙読ができていない様子であれば取り入れていくべきですし、そうでなければばする必要はありません。

ただし、中学年では、子ども達が黙読ができているかどうかを確かめる機会をつくることは、教師にとって重要なことでしょう。

授業時間を使って黙読をさせてみて、意味をとれているか確認するようにしましょう。その際は、教科書に載っている文章ではなく、初見の文章を読ませるとよいでしょう。

一定時間読ませ、どこまで読めたかの確認と簡単な内容の確認を行っていきます。

もしも文章内容を捉えられていない場合、黙読ができていない可能性があります。そうした子が多い場合は黙読へ向けた全体指導を、1人や2人の場合は個別指導をしていくとよいでしょう。

▼すでに黙読ができる子にもメリットはある

「ほとんどの子が黙読できていそう」という状況でこうした黙読移行の指導をしても、決して無駄というわけではありません。

黙読が既に自然とできている子であっても、「超高速読み」「微音読」というステップを踏む中で、どんどん高速で読み上げることができるようになっていき、目をどんどん先へ先へとずらすことができるようになっていきます。

つまり先に紹介したＥＶＳが大きくなっていくわけです。これは、読みの熟達を意味し、黙読の上達にも繋がっていきます。

また、仮に黙読移行の指導をクラス全体に導入したからといって、授業で音読をしてはいけないという訳ではありません。

そういう場合は、クラスの子ども達は三原則の音読が達成できている状態でしょうから、他教科の教科書の初見の文章で三原則の音読をさせるなどレベルアップして意欲を引き出して鍛えつつ、国語の授業では黙読を重点的に指導していくなどするとよいです。

このように、黙読移行の音読指導はメリットが多くあるので、中学年までで全員が三原則の音読ができるようになっていれば、積極的に導入するとよいでしょう。

子ども達の様子を見て、適宜、黙読移行の指導を導入しよう

9

「意味句読み」の指導①
意味句読みとは？

「意味句読み」とは、句読点に限らず意味のまとまりで文を区切って音読する方法です。「意味句」という言葉が初めて使われたのは、管見の限り、杉澤（2000）です。そこでは、意味句が「はっきりとした意味の塊」と表現されています。この意味句で区切って読むのが「意味句読み」です。

三原則の音読では、句読点まで一息で読む「句読点読み」を正しい区切り方として指導してきました。先に述べたように「句読点読み」は、読むスピードを上げ、三原則の音読を促進する効果もあるので重要です。

ですが、三原則の音読を全員がある程度できるようになれば、「句読点読み」にこだわる必要性も薄くなります。そこで、「意味句読み」を導入することでレベルアップを図りましょう。

▼意味の塊を捉え、自分で区切りを考える

「意味句読み」では、文章をよく読み、区切り（意味の塊）を子ども達自身で考えさせます。

「意味句読み」の目的は、聞き手に文意が伝わりやすくすることです。ただ文章を読み上げるだけでなく、文意をしっかり捉えなくてはいけなくなります。「句読点読み」では、とにかく読み上げることに集中すればよかったのが、「意味句読み」では、よく考えながら読むようになります。初見ではなかなか難しく、何度か繰り返し読みながら、どう読むかを決定することになります。

この過程で、音読力だけでなく読解力も同時に育てられるのです。「意味の塊」や文意が読み手に伝わるような区切り方は、その文だけを読んでわかる場合もあれば、そうでない場合もあります。文は、ほかの文とのつながりで意味を成したり、強調したりすることがあるからです。つまり、文と文とのつながりを読み取ったり、文章全体の構成を踏まえて考えたりする必要があるのです。

ですから、こうしたことを学習する中学年以上で主に取り組むことができる学習でしょう。低学年でも決して無理ではありませんが、実態をよく鑑みましょう。

「意味句読み」を取り入れると、音読と読解とを絡めることができるようになるので、おすすめです。

意味句読みを取り入れると、音読しながらも文意や他の文とのつながりをよく考えるようになる！

10

「意味句読み」の指導②
導入は説明的文章で

それでは「意味句読み」はどのように導入していけばよいのでしょうか。

私は、「意味句読み」の導入は、説明的文章で行うのがよいと考えています。説明的文章の方が、「意味の塊」を捉えやすいからです。

▼『時計の時間、心の時間』（光村図書・6年）を例に考える

「意味句読み」を導入するには、教師が教科書の一文を提示し、「句読点にこだわらず、意味の塊を考えて、聞き手に文の意味がよく伝わるように区切りを考えてごらん」と伝えてみんなで考えるのがよいと思います。

そして、その考えたことを出し合い、やがて他の文の読み方を考えることにつなげていくようにします。

ここでは、『時計の時間、心の時間』（光村図書・6年）を例に考えていきましょう。

例えば、次の文を取り上げて提示します。

「私たちは毎日、当たり前のように時間と付き合いながら生活しています」

これを「句読点読み」すると「毎日」の後で区切るだけです。しかし、子ども達に区切りを考えさせると、非常に多様な考えが出てきます。

> ・「当たり前のように」の後で区切ることで「当たり前のように」ということを強調する。
> ・当たり前のように時間と付き合っているという意味の塊を示すために、「時間と付き合いながら」の後で区切る。
> ・「時間」について述べた説明文なので、「時間」の前で区切り、時間を強調する。

などが出されます。

この例とは反対に、次頁で示すような読点を無視して読点で区切らず読む場合も「意味句読み」にはあり得ます。

「意味句読み」にたった一つの正解はありません。

だからこそ、子ども達はどうしたら自分の読み取った文意が聞き手に伝わりやすいか、区切りを考えるようになります。その過程こそが重要なのです。

11

「意味句読み」の指導③ 文学的文章にも派生させていく

「意味句読み」を説明的文章で導入し、子ども達に浸透してきたら今度はそれを文学的文章での音読に派生させていきます。例えば、『大造じいさんとガン』（光村図書・5年）で次の文を取り上げるとします。

残雪は、…ガンの頭領らしい、なかなかりこうなやつで、仲間がえをあさっている間も、油断なく気を配っていて、りょうじゅうのとどく所まで、決して人間を寄せつけませんでした。

この文で伝えたいことは、「残雪は、ガンの頭領らしいなかなかりこうなやつだということ」「仲間がえをあさっている間も油断なく気を配っていること」「りょうじゅうのとどく所まで人間を寄せつけないこと」の3つでしょう。これがわかれば、あとはそのまとまりごとに区切って読めばいいのです。

残雪は、…ガンの頭領らしい、なかなかりこうなやつで、／仲間がえを《えさ》あさっている間も、油断なく気を配っていて、／りょうじゅうのとどく所まで、決して人間を寄せつけませんでした。（スラッシュ

は区切り）

このように、「意味の塊」で区切っていくことは説明的文章と変わりはありません。ここでは、いくつか読点が無視されています。そうすると、更に一息で長くスラスラ読む必然性が生まれます。そして、それを子どもが発見するというところに大きな意味があります。自分で見つけた意味のかたまりごとの区切りでスラスラ読もうと頑張るからです。

▼朗読と比べて取り組みやすい

文学的文章を読み手に文意が伝わりやすいように読むという点において、文学での「意味句読み」と「朗読」とは似ています。

しかし、私は多くの子ども達が無理なく活動できるのは「意味句読み」だと思います。なぜなら、「意味句読み」では、区切りを考えて表現すればよいのに対し、「朗読」では区切りだけでなく間、抑揚、高低、強弱などあらゆる点を考慮しなくてはいけないので、より高度な表現力を要するからです。「表現豊かに読むのが恥ずかしい」という子どもも少なくないでしょう。

ですから、「意味句読み」は「朗読」を取り入れる前の段階としてもよいと思いますし、「意味句読み」だけでももちろんとても有意義な学習になります。初めから高度な「朗読」を子ども達に求めるよりも、「意味句読み」から始めたほうが無理なく全員が取り組めるでしょう。

12

「朗読」の指導① 朗読とは？

「音読」と「朗読」との違いは何でしょうか。

「小学校学習指導要領（平成29年告示）解説（国語編）」（123頁）では、次のような記載があります。）

朗読は、読者として自分が思ったことや考えたことを踏まえ、聞き手に伝えようと表現性を高めて、文章を声に出して読むことである。音読が、文章の内容や表現をよく理解し伝えることに重点があるのに対して、朗読は、児童一人一人が思ったり考えたりしたことを、表現性を高めて伝えることに重点がある。

すでに述べてきたように、本書での「三原則の音読」は、この音読の定義よりもさらに「自分の読む力を高めること」を優先したものです。だからこそ、読むスピードも一般的に聞き手がわかりやすいとされる1分間に300文字を超えた速さを推奨しています。

また、区切りも句読点で機械的に区切る「句読点読み」でした。その方が「三原則の音読」を達成しやすいからです。

前項までで紹介してきた「意味句読み」は、同指導要領解説の「音読」の定義にかなり近いでしょう。

「意味句読み」では、「句読点読み」よりも聞き手が重要視されるからです。この「意味句読み」よりも、さらに自由度が増し、聞き手を重要視しつつも読み手の思ったことなどを表現する表現性を高めたものが「朗読」といえるでしょう。

なお、本書における朗読指導に関しては、深澤久先生のご実践を参考にさせていただいております。

▼声に出して読む学習の最高峰が朗読である

これらのことを踏まえると、声に出して読む学習の最難関であり、最高峰が「朗読」といって差し支えないでしょう。

だからこそ、学習指導要領でも、高学年の指導事項に位置付けられているのでしょう。朗読指導が成功するには、子ども達が「物語の内容を読み取り、自分が思ったことや考えたことをしっかり持てる読解力」が必要であり、なおかつ「それを表現する表現力」も必要になります。

そのほかにも、「人前で自分を表現する度胸や積極性」なども必要でしょう。

これらは、非常に高度な能力です。「朗読」指導は非常に高度ですが、子ども達の様々な力を伸ばすことのできる、チャレンジし甲斐のある指導なのです。

13

「朗読」の指導② 文を指定し、どのように読むか考えさせる

「朗読」指導を成功させるには、やはり三原則の音読指導がしっかりなされている必要があります。

「ハキハキ」「スラスラ」「正しく」読むことすらできないのに、どうやって自分の思いや考えを聞き手に伝えることができるでしょうか。

到底不可能です。

まずは、子ども達に三原則の音読指導を徹底していき、さらに「意味句読み」にもかなり慣れている状態に育てていきましょう。そして、「ここ、誰か読んで」と尋ねたら、ほぼ全員が立候補するくらい、声に出して読むことに対して抵抗感がないように育てておかなくては、「朗読」指導は成功しません。

▼教師から「このように読むべき」とは言わない

「意味句読み」の時と同じように、「朗読」を導入する際も、三原則の音読がしっかりできてから、物語の一文を提示してどのように読むかを考えさせるところから始めます。

この時、重要なのは子ども達に「どのように読むのか」を考えさせることです。

教師が「このように読むべき」とは決して言いません。それを言ってしまっては、「朗読」指導の意味がほとんどなくなってしまいます。

「朗読」指導においては、子ども達が「どう読むべきか」を考えることこそが肝要です。

導入に際しては、会話文から始めるとよいでしょう。

会話文では、比較的登場人物の心情がわかりやすく、なおかつそれを表現しやすいからです。

例えば、「大造じいさんとガン」では、1場面の「ううむ」と2場面の「ううん」を比較させながら読み方を考えさせたり、3場面の「さあ、今日こそ、あの残雪めにひとあわふかせてやるぞ」の読み方を考えさせたりするとよいでしょう。

このあたりは、中心人物の心情が特にわかりやすく表れており、文脈からも容易に読み取ることができます。実際に朗読をさせながら、どのように読んだらよいのかを試行錯誤させ、考えさせていくことで、子ども達の表現力や読解力は同時に伸びていきます。

例えば、「『ううむ』はまだ余裕がある感じに高く読もう。『ううん』はいよいよどうしよう、という感じで余裕がなくなってきたことを表すために低く読もう」「3場面のこのセリフは、つぶやくように小さな声で言うべきだな。小屋の中に隠れているわけだから」などと考えられるとよいでしょう。

14

「朗読」の指導③　子ども達から表現力を引き出して共有する

「朗読」指導において、教師が「このように読むべき」と伝えるのでは意味がありません。子ども達から、「この場面では○○だから、弱く読んだ方がいいと思う」とか「中心人物は悲しい心情だから低いトーンで読んだ方がいい」などといった発言を引き出していくことが大切です。

この際、場面の様子や人物の心情などといった「読解」に関わる点と、強弱や高低といった「表現」に関わる点の両方を引き出していくことが理想です。

場面の様子や人物の心情を読み取るだけでは、子ども達の表現力は伸びません。読み取ったことをどう表現するかということも同時に考えさせることができ、読解力だけでなく表現力も伸ばせるのが「朗読」の強みなのです。

子ども達に実際に朗読させながら、望ましい「表現力」の要素を引き出して、クラスで共有していきましょう。そうすることで、子ども達の「表現力」は高まり、「読解」したことを表現できるようになっていきます。

▼引き出したい「表現力」の要素

それでは、「朗読」の「表現力」の要素にはどのようなものがあり、どういった要素を子ども達から引き出していけばよいのでしょうか。

それは、主に「強弱」「高低」「速さ」「間」といった読み声に関わるものです。

これらを組み合わせて駆使すれば、自分が読み取った場面の様子や人物の心情を表現することがだいぶできるようになるでしょう。

繰り返しになりますが、大切なのは、これらの要素を教師が「表現には４つポイントがあって……」と説明するのではなく、子どもに文を提示して考えさせ、実際に朗読させながら、引き出していくことです。そうしないと、子ども達は考えるようになりません。

また、何より、子どもにとって教師の指示を聞くだけのつまらない授業になってしまいます。

この４点に加え、さらに「視線」「表情」「動き」なども加えて表現しても面白いでしょう。これらは、先の４点に比べ、暗唱できないと使いこなせない、という点において、さらに高度な朗読技術と言えます。このような要素を子ども達から引き出した後は、クラス全体で共有し、ほかの場面にも援用させていきましょう。

実際に朗読させながら、子ども達から「表現力」の要素を引き出していく！

15 「朗読」の指導④友達の読み声を聞き、評価させる

ある程度「表現」の要素を子ども達から引き出し、クラスで共有できたら、朗読の練習に入っていきます。

ここで重要なのは、互いの朗読を聞き合い、よかったところや改善点を言い合うことです。

そうすることで、さらに朗読に磨きがかかっていきます。

▼一文の読み方をめぐって討論する

朗読の聞き合い活動の流れを紹介します。

まず、一人が自分の考えのもと朗読します。

次に、その朗読を聞いた他の子がコメントします。よい点や改善点を発表します。

そうすることで、時には一文の読み方をめぐって討論に発展します。

例えば、『大造じいさんとガン』の3場面最後の「大造じいさんは、強く心を打たれて、ただの鳥に対しているような気がしませんでした」をどう読むか検討した時のことです。

ある子が、全体的に明るいトーンで読み、「ここでは、大造じいさんは強く心を打たれて感動しているから、明るく読みました」と説明しました。すると他の子が、「明るく読むのは違うと思います。確かに、ここでは大造じいさんの心情が大きく変わっているけれど、それはただ感動したというより、ただの鳥に対しているような気がしないと書いてあって、なんだか言葉にできないくらい神聖なものを目にしているというか……だから、もっと重い感じに読んだ方がいいんじゃないかな」と意見しました。

その後、クラスでは「明るく読む」か「重々しく読むか」で討論へと発展していきました。いずれの意見も、叙述や描写を根拠としながら、視点人物である大造じいさんの心情を語っており、読解と表現とを同時に行おうとしている子ども達の姿がよく見て取れました。

一人が朗読をする箇所は、初めのうちは、教師が指定するとよいでしょう。あえて、解釈がわかれそうな部分を取り上げて読ませることで、他の子から「その読み方は違うんじゃないかな」と指摘させることをねらっていくのです。

やがて、朗読する子に朗読する箇所を選ばせるようにします。「どう読むか迷っているところ」を読ませるとよいでしょう。他の子からアドバイスが出やすくなり、子ども達同士で自分の朗読を磨き合うことができるようになっていきます。

ベースは三原則の音読！

16

「朗読」の指導⑤
朗読大会で開放的なクラスにする

「朗読」指導の成果の一つに、クラスの子ども達が大きく変わることが挙げられます。子ども達が、縮こまって閉鎖的になるのではなく、伸び伸びと「開かれた」状態になっていくのです。みんなの前で自分を表現することを嫌がらず、むしろ積極的に取り組むようになっていきます。人前で朗読をすることに慣れているからです。

また、友達のよいところを認めつつも、しっかりと助言をすることもできるようになっていきます。朗読を聞き合い、評価し合うことに慣れ、互いに思ったことは言い合える関係ができているからです。

一見厳しいようなことを言い合っていても、決して仲は悪くならず、互いを高め合えるような関係になっていくのです。

▼自分で作品を選び、朗読大会を開く

「朗読」指導に力を入れていたある年、この指導がうまく軌道にのり、年度の終わりに朗読大会を開くことになりました。

子ども達は思い思いに朗読したい作品を選びました。

今まで学習した大好きな教科書教材を選ぶ子もいれば、古典から詩までバリエーション豊かな作品が選ばれました。

中には、自分で作った詩や物語を朗読する子もいました。

子ども達は、自分で選んだ作品ですから、それはもう熱心に練習に励み、本文は「こう読みたい」というメモ書きで真っ黒になっていました。

同じ箇所を何度も何度も練習する子、自分の朗読を録音し聞きながら修正を加える子、友達に聞いてもらいアドバイスをし合う子、自分に合った練習の仕方で各々学習を進めていました。

思えば、ごく自然にこういった形で子ども達は学習を進めていましたが、本来学習というのは、教師が指示した形で行うだけでなく、目的や自分の特性に適した学習法を選び行うものだと、子ども達の嬉々として取り組む姿を見て改めて感じました。

待ちに待った本番当日、教室に非常に豊かな時間が流れたのはいうまでもありません。

子ども達は思い切り自分の読みを表現していて、恥ずかしがる子は皆無でした。

皆さんも、「朗読」指導の締めくくり、1年の締めくくりに朗読大会を取り入れてみてはいかがでしょうか。

17

ＩＣＴの活用①
宿題をデータで提出させる

ここからは、音読指導にＩＣＴや一人一台端末を活用する方法をご紹介します。

音読は、音声言語で行われます。そのためすぐに子ども達の読み声は消えてしまいます。この点に音読指導の難しさがあります。

この難しさを克服するために、ＩＣＴを活用していくようにするとよいでしょう。

▼音読の宿題を提出する

これまで、音読の宿題の際、音読カードに子どもが記録し、保護者がサインを入れたものが「読んだ」という証として提出されてきました。

しかし、実態としては、いい加減に読んだり、読まずにサインだけ自分で書いたりするようなこともあったことでしょう。

そこで、一人一台端末を活用しましょう。

おそらく、多くの学校が一人一台端末を子ども達に持ち帰らせていると思います。

その場合、家で音読練習をしている様子を録画し、翌日に提出させるようにするとよいでしょう。この方法を使えば、もう音読カードは必要なくなります。

自分の読み声や姿勢がデータに残るので、しっかり取り組む子が増え音読練習の質が高まるでしょう。

もちろん、一人一台端末での宿題の提出にしたから、全てうまくいくということはありません。繰り返し述べてきていますが、学校でしっかり指導してこそ、家での音読練習の質が高まります。一人一台端末で提出させるからといって、学校での指導を疎かにしては、元の木阿弥です。結局、子ども達の家での音読練習の質は高まっていきません。

また、宿題をデータで提出させるからには、教師はそれをチェックすべきです。学校と変わらず取り組めている子、しっかり読めている子のデータを時折クラスの子ども達に共有するとよいでしょう。

また、音読を録画する前に、「めあて」を言うように指導します。そうすることで、自分が三原則のうちどの要素に焦点を当てて練習しているかを明確にします。また、読み終えた後は、自分の音読データを自分で聞き、振り返りを一言添えてデータを提出させるようにするとよいでしょう。

音読の宿題を一人一台端末で録画し、提出するようにすれば子ども達の音読練習の質も高まる

18

ICTの活用②
自分の音読や朗読を聞く

前項でも少し触れましたが、一人一台端末を活用すれば、自分の音読や朗読を聞くことができます。これも、今まではできなかったことです。

これまでは、いくら自分で頑張って読んでいても、その声を客観的に聞く機会は限られていました。ですから、教師や友達からの評価を受けて、改善していくしかなかったのです。

一人一台端末を積極的に活用して、自分の音読や朗読を自分で確かめ、自己評価しながら改善していく自立した学習者に育てていきましょう。

▼具体的な活用法

自分の音読や朗読を聞かせる活用法を2つご紹介します。

第一に、普段の授業で使う方法です。三原則の音読をクラスで取り組んでいる時にも、「意味句読み」「黙読移行の音読」「朗読」に取り組んでいる時にも、どんな時にも使えます。

例えば、クラス一周「マル読み」で個別評価をした後、「今の自分の課題は何でしょうか」と尋ね、考えさせます。

何人か言わせた後、「自分の課題をクリアできるように、練習しましょう。端末で録画してチェックしながら練習するとよいですね」と練習タイムをとります。

もちろん、端末は使っても使わなくても子どもの自由で、どちらでもよいのですが、このように一言紹介しておけば使う子が必ずいます。

そうした姿を見取ったら、「〇〇さんは、今日ハキハキと読むことを課題にして音読練習をしていました。たまに端末で録画して自分がハキハキ読めているか確認していました。

そうやって、自分の学習の状況をチェックしながら学習を進められるってすごいことですね」などとクラス全体に紹介して広げるようにします。自分の音読を自分で点検しながら改善していく姿勢を広げていきましょう。

第二に、単元の最初と最後の音読を撮っておき、比較する方法です。当然、単元の最初はうまく音読できないものです。これを単元の最後の音読（朗読）と比較させることで、自らの成長を実感できます。子ども自身も驚くくらい上手になっていることが手に取るようにわかるので、ぜひお試しください。

ICT を活用して、自立した学習者を育てる

19

教師の即興的指導力を高める

音読指導では、基本的にその場その場で即興的に指導していく必要があります。

ＩＣＴ等を使って子ども達の音読の声を記録しない限り、子ども達の読み声は消えていくからです。指導するのであれば、子ども達が読んだその場ですぐ指導する必要があるのです。

読んだ後、数時間後や次の日に「昨日の音読だけどさ……」と話しても、誰も覚えていません。瞬時に最善の指導を選び、行う必要があります。悠長に考えている暇はありません。最初は難しいですが、くじけず続けていけば、教師の指導力もかなり鍛えられるでしょう。

▼読み間違いを生かす

『どうぶつえんのじゅうい』（光村図書・２年）で音読をしている時、子どもが「はぐきのちりょうは　とてもいたいので、あばれることがあります」という文を、「はのちりょうは……」と読み飛ばしをしました。私は、そこで、「ストップ。何か気づいた人？」と周りに尋ねました。

すると、ある子が「はぐきのところをはと読んでいました」と指摘しました。そこで私は「よく気づいたね。でも、歯と歯茎はほとんど同じだからどちらでもいいよね？」とあえてとぼけました。するとある子が、「全然違うよ！　私は歯を削ったことも、歯茎に注射をしたこともあるけど、歯茎の方がとっても痛かったよ！　だから、ワラビーが暴れるのもよくわかるよ」と自分の経験と文章とを結び付けて発言していました。「なるほど。じゃあ、歯茎と歯とではぜんぜん違うんだね。〇〇さんが読み間違えてくれたから、みんな勉強になったね、みんなこれから気をつけて読もうね」とまとめました。

▼子どものやる気を引き出す

また、例えば個別評価をしていて昨日よりも少しだけ声を出そうとしていたけれど、数値などの評定を高めるほどではない時です。単に、昨日と同じ評定を告げるだけでは、子どもはやる気にはならないでしょう。

かといって、評定を上げてしまっては、「これくらいでいいんだ」と本人や周りも思ってしまい、これはこれでやる気が低下します。そういう時、私は、「昨日と同じBです。でも、昨日よりも声が出ていたね。もう少しでAだね」と一言添えて同じ評定を伝えるようにします。

このように、音読指導は即興的指導のオンパレードです。頭をフル回転して臨むことで、教師の指導力も高まるでしょう。

第5章

授業でできる音読活動

1

声が出るようになる！どこまで聞こえるかな読み

最後に、５章では普段の授業で使える音読活動を紹介します。

ここでは、三原則の音読を高めていくための活動を中心にご紹介します。この三原則の音読こそ、全員に保障しなくてはいけないものです。また、多種多様な活動の引き出しを教師が持っておくことは、子ども達の力を伸ばし学力を保障するために重要なことです。

▼「どこまで聞こえるかな読み」の方法

「どこまで聞こえるかな読み」は、一斉音読をしている際、教師が教室から出て行き、歩いて遠ざかります。そして、どこまで子ども達の声が聞こえたかを子ども達に伝える活動です。

▼「どこまで聞こえるかな読み」のねらい

この活動では、子どもたちが遠ざかる教師に届くように、自然としっかりとした声で音読するようになります。子ども達の「ハキハキ」を育てたい時に有効です。子ども達がどれだけ声をしっかり出したかが、教室からの距離という形で可視化されるという効果があります。

▼「どこまで聞こえるかな読み」の指導のポイント

ある程度、一斉音読が揃うようになってきてから取り組むようにしましょう。そうでないとバラバラになったり、ゆっくりになってしまったりして、音読自体の学習が成り立たなくなります。

また、遠くまで聞こえるようにと、怒鳴る子が出てきます。活動の前に、「怒鳴るのではなく、声を張って読む」ことを確認しておくとよいでしょう。

言葉だけで伝わらない場合は、教師が両者の違いを示したり、実際に子ども達にやらせてみたりします。

なお、本実践は元小学校教師・金大竜先生のご実践を参考にしています。

怒鳴らないように、張った声で読ませる

2

子どもが飽きずに取り組める！バリエーション豊かなペア読み

ペアで音読をすることは、多くの教室で取り入れていると思います。おそらく、隣同士の子達で「マル読み」をさせることが多いのではないでしょうか。そのペア読みのバリエーションを豊かにしていくと、活動に変化を与えることができ、子ども達も飽きずに取り組めます。

また、ほんの少しの工夫で子ども達の張った声を引き出していくことができます。

それは、隣同士のペアで、向き合わせるのではなく、前を向いたまま読ませるようにするのです。

さらに、立ち上がって距離をとり、向かい合って読ませることでより声を出させることもできます。

▼「バリエーション豊かなペア読み」のねらい

あえて相手に声を届けるのが難しい状況でペア音読を行うことで、自然としっかり声が出るようにすることがこの活動のねらいです。徐々に「ハキハキ」と音読をしなくなってくる高学年で取り入れると有効です。

▼「バリエーション豊かなペア読み」の指導のポイント

ペアでの音読はとても一般的な活動ですが、この活動では、ペアが隣でも縦でも、斜めであっても子ども達は前を向いたまま音読します。普通は、相手の方を向いて読みますが、「前を向いたまま」という縛りがあるので相手に声が届きにくくなります。

隣ペア→縦ペア→斜めペアの順でペア読みを行い、最後に隣ペアで立って距離をとり向かい合ってやるようにするとよいです。縦のペアの時は、前の子が特に頑張らないと後ろの子は聞こえません。

また、斜めでやると声が混ざるので、かなり集中しなくてはペア読みを続けていけなくなります。

立って距離をとって読むと、相手は遠くにいますから、さらに声をしっかり出さなくてはいけなくなります。

このように、徐々に難易度を高めることで単調になりがちなペア読みを刺激的なものにしていくのです。

自然と声が出る状況を作っていく。
徐々に難易度を高める

3

みんなの前で発表できる力がつく！ たけのこ読み

「たけのこ読み」は、自分が読みたい文を決めておき、その文が来たら起立して音読する活動です。それをクラス全体で「1人が読んでいるかのように」間を空けずに繋げて読んでいくようにします。

▼「たけのこ読み」のねらい

私は、「たけのこ読み」を年度初めに使います。たけのこ読みでは、積極的にみんなの前で音読する力を養うことができるからです。

また、楽しみながら三原則の音読を身につけることができます。特に、「ハキハキ」としっかりとした声で読む力を重点的に伸ばすことができます。

▼「たけのこ読み」の指導のポイント

自分が決めたところで立って読むだけでも子ども達は楽しく活動しますが、「先生　対　子ども達」

のようにポイント制にして行うとさらに盛り上がります。

教師のポイントにするか子ども達のポイントにするかは教師が判定します。ですから、たとえ音読が途中で途切れなかったとしても「声が小さかったなぁ」とか「つっかえていたね」などと三原則の音読から外れていたら教師のポイントにしてしまうことで、三原則の音読を子ども達に徹底することもできます。

初めは教科書に載っている詩の授業の際などに行うとやりやすいでしょう。その場合は一人が読む文の数ではなく、一人が読む行の数を指定します。指定する行（文）の数は最初5くらいにしておきますが、段々減らしていき、最後は1にします。

すると、よく考えて読む箇所を決めるようになります。少し話し合ってもいいよと伝えると、熱中して話し合って役割分担したりする姿も見られます。授業参観などでもおすすめの活動です。

初めのうちは、「他の子と重なってもよいので読む」というルールで積極性を養います。その後「1人しか読めない」というルールを追加して譲り合うようにします。

そうすると、後に「指名なし発表」「指名なし討論」へと繋げていくことができます。

ポイント制にすると盛り上がる！

4

スラスラ読める子が増える！マルテン読み

「マルテン読み」は、「マル読み」を派生させたものです。句点「。」だけでなく、読点「、」でも読む人が交代していく読み方です。句読点で読む人を交代することで、句読点を意識し、句読点まで一息で読む「句読点読み」の基礎を育てます。つまり、「スラスラ」を伸ばすことに繋がります。

また、いつも行っている「マル読み」とは違う交代の仕方をすることで、緊張感が増し、楽しく音読できます。「『マル読み』だけでは飽きてきた」という時に取り入れると、新たな刺激になります。

どんな長さであろうと、1人が読む部分は一息で読むようにさせることが最大のポイントです。それが、「スラスラ」を伸ばすことに繋がっていきます。「マルテン読み」をしている最中も、「句読点までは一息で」ということを繰り返し子ども達に意識させていきましょう。始める前に、「1人が読んでいるように間を空けずに」「前の人から2秒空いたらアウトです」などと伝えると、より緊張感が増し楽しんで取り組みます。

また、最初からクラス全体で行うことはせず、初めはペアや4人組で回すとよいです。ペアで練習させたあと4人組で取り組ませるとスムーズに行えるでしょう。最後に、クラス全体で回していきます。全文を読むのに何分かかったかタイムを記録するのもよいでしょう。

5 クラス全員が揃うようになる！ ○○ごと読み

「○○ごと読み」は、列ごと、号車ごと、男女ごと、班ごと、奇数番号・偶数番号ごとなど様々なまとまりごとに読んでいく読み方です。

いきなり全員で揃えて音読するのは難しいので、まずは「○○ごと読み」をしていくとよいでしょう。数人で声が揃うということは、スラスラ読めている、正しい区切りができているということで、「スラスラ」や「正しく」を重点的に伸ばすことができる活動と言えます。また、自然と他のグループと競い合う形となり声が出るようになるので、「ハキハキ」にも作用するでしょう。

初めは、少人数であっても揃わないこともあります。多くの場合、非常にゆっくり読んでしまうのです。そういう場合は「ストップ。いつもそんなスピードで読みませんよね。いつもの音読を思い出して、いつもと同じスピードで揃えてください」と言ってやり直しをさせます。「スラスラ」のスピードで揃うのが大切です。班などの少人数ごとに読ませることもあれば、出席番号の奇数・偶数など大人数で読ませることもあります。少人数で読ませる時は「一人ひとりがしっかり声を出しているか」、大人数で読ませる時は『『スラスラ』のスピードで揃っているか」をねらい、また、見取っていくようにしましょう。最後は、「全員で。さんはい」と一斉音読をし、クラス全体で揃えて読みます。

6

さらにスピードが上がる！高速読み

4章にて概要を述べましたが、「高速読み」は句読点も無視してとにかく高速で読み上げる読み方です。「なるべくハキハキと読むように」とは伝えますが、それよりもスピードを上げることを重視させます。

▼「高速読み」のねらい

読み上げるスピードをさらに上げ、微音読、黙読へと繋げていくことが「高速読み」のねらいです。つまり、「スラスラ」を重点的に鍛えるということです。

▼「高速読み」の指導のポイント

「高速読み」はすごい勢いで読み上げるので、かなり疲れます。時間を区切って、短時間で行うようにしましょう。1回の時間は15秒くらいがちょうどいいでしょう。私は15秒で複数回行うようにしています。

その時間内に何文字読み上げることができたかを数えさせることを継続していくと、数字の比較で伸びもわかり、活動にハリが出るでしょう。低学年でも15秒間で200字近く読み上げる子が出てきます。

子どもに伝えるべきポイントは、「とにかく素早く読むこと」「句読点で区切らずに読んでいいこと」「声をしっかり出して読むこと」です。素早く、句読点で区切らずに読ませると、自然と声が小さく、ゴニョゴニョしていきます。これは自然なことです。

ここで放っておくと、「とにかく早く読めればいい」とか「とにかく先まで読みたい」という感じになってしまいます。ゴニョゴニョと正確に読み上げず、いい加減にしてしまう子もいます。

なので、「しっかり声は出すこと」ということも伝えます。すると、三原則を守った音読よりは声が小さくなるのですが、いい加減に読むのを防ぐことができます。

何人か全体の前でも読ませてみましょう。友達の読みが刺激になり、自分も頑張ろうという気持ちに繋がります。

読み上げるスピードを上げつつ、しっかり声は出す

7

黙読により近づける！微音読

声を出さずに素早く読むことで、黙読へとより近付けていくことが「微音読」のねらいです。目を先へ先へとずらしていくことができるようにしていき、EVSを高めていきます。

「微音読」に取り組む前に、「高速読み」で読むスピードを十分高めておくことが重要です。その上で「微音読」に取り組むと、声に出して読んでいた時よりもさらにスピードが上がるので、目ずらしのスピードもどんどん上がっていきます。これが黙読のスピードを上げることにも繋がります。

小学4年生頃から黙読優位になっていくと言われていますが、その頃でもうまく黙読ができていない子がいれば、積極的に黙読移行の指導をしていきましょう。

既に黙読ができる子にとっても、微音読に取り組むと目ずらしのスピードがどんどん上がっていくので黙読のスピードを早める効果があります。

基本は読み慣れた文章で行いますが、時折、初見の文章で行いましょう。

どこまで読めたか確認した後、読んだ文章の内容を問う発問をしましょう。

心の中で高速で読み上げながらも、文章内容を取れているか確かめます。「読む→内容確認」が黙読への移行指導の基本です。

8 成長を実感できる！題名・作者読み

　題名を高く、作者を低く読む「高↓低」の読み方をピンポイントで体験的に練習するのが、「題名・作者読み」です。「題名を高く、作者を低く読むと、音読がかっこよくなるよ」と伝え、教師がまずやって見せます。その後練習時間をとり、子どもに読ませてみましょう。見違えるほど上手になります。

　この「題名・作者読み」は、指導前後で子どもの読む声が大きく変化するため、子どもが成長を実感しやすい活動です。音読へのやる気を喚起するという意味でも、三原則の「正しい」を指導するという意味でも重要ですので、年度初めの方に行うことをおすすめします。

　私も、年度初めに必ず行っています。ものの5分程度で子ども達の音読がとてもかっこよくなります。また、「高↓低」を意識して音読することは、一文を読む時にも重要となってきます。

　ですから、年度初めに指導していくべきなのです。様々な文学作品の題名と作者の一覧を用意しておいて、子ども達が題名と作者を「高↓低」で読むことに慣れてきたら、読ませてみるとよいです。

　また、一人一台端末で「低↓高」で題名・作者を読むパターンと「高↓低」で題名・作者を読むパターンの両方を録音し、自分で比べさせてみると、より違いが実感できるでしょう。

9

音読へのやる気を高める！完璧読み

「完璧読み」では、いつもと同じように「マル読み」で進めていきますが、三原則の音読ができている場合は読み続け、つっかえたり間違えたり発音が不明瞭だったりしたら失格となり、次の人が代わりに読みます。それをクラス1周回していきます。

▼「完璧読み」のねらい

緊張感のある音読練習の成果を発揮する場を設定することで、より一層、音読へのやる気を高めます。また、音読三原則のさらなる徹底を図ります。三原則の音読がある程度根付き、さらに高めていきたい時に取り入れましょう。

▼「完璧読み」の指導のポイント

三原則が少しでも守れていなかったら即アウトにします。判定は厳しくします。この活動の目的は三原則の音読を徹底することですから、ここを甘くしては意味がありません。

また、判定を甘くすると活動がダレて、子どももつまらなくなります。判定が厳しく、半分以上の子が1文目でアウトになるくらいの方が子どもも「もっとやりたい！」と盛り上がります。

判定をアウトにする時は、初めは「声が小さい」とか「遅すぎます」と一言述べてもいいですが、なるべく言わずに子どもに考えさせるようにしましょう。この活動を通して、音読三原則がさらに具体化されていきます。

口で「ハキハキ」「スラスラ」「正しく」と伝えるだけでなく、子どもの実際の読み声に対して判定を下していくことで、それを聞いた子ども達は「あれくらいの声ではしっかり声を出せていないんだな」とか「もっと素早く読まなくてはいけないんだな」としっかり理解していきます。

アウトになったら、次の子も同じ文を読みます。その子もアウトになったらその次の子も同じ文を読むことになります。

私の場合、3人同じところでアウトになったら、全員に練習させ、「誰か読める人」とピンチヒッターを募ることにしています。こうすることで、既にアウトになった子にも活躍の場を与え、緊張感を保つことができます。

声が小さい、失格!!
誰か読める人?
え〜 もっとやりたい
悔しい〜

三原則が少しでも守れなかったらアウト。三原則をさらに具体化＆徹底する

10

三原則の定着が図れる！音読対決

ペアをつくって交互に音読していき、ミスを指摘されることなく1段落読めたら1ポイントというのを最後まで繰り返し、どちらのペアがポイントを獲得できたかを競い合うのが音読対決です。この活動は、説明文で行うのがおすすめです。

▼「音読対決」のねらい

音読対決では、三原則の音読を楽しみながら伸ばすことができます。また、友達の音読をチェックすることで、音読三原則の定着を図れます。

▼「音読対決」の指導のポイント

ミスを指摘する際の観点は音読三原則です。

音読対決は、三原則の音読の定着のための活動です。三原則という「基準」があるからこそできる活動でもあります。基準がなければミスを指摘することもできないからです。

自分が三原則を意識して読む時はもちろん、相手の音読を聞いて三原則をしっかり守れているかチェックすることでも、三原則が定着していきます。

原理的には「完璧音読」と同じ、三原則から外れた読みを「ミス」と捉え、いかに忠実に三原則の音読をしていくかという活動です。

「完璧音読」はチェックするのが教師であるため、厳密にチェックができる反面、一度で読めるのが一人なので、一人ひとりの音読量は少なくなってしまいがちでした。

一方、音読対決であればチェックするのは子ども同士なので、一気に並行して行え、一人あたりの音読量を確保できます。

ただし、子ども同士がチェックするので、そのチェックが原因でもめないよう事前に指導しましょう。特にもめやすいのが「声の大きさ」についてです。

事前に「声の大きさは人それぞれですが、その人が休み時間に出している声よりも小さければアウトですね」と基準を示すとよいでしょう。

子ども同士で楽しく競い合いながら三原則の音読を定着させる

注1　私のこの実践経験と同様に、教科書掲載レベルの文章内容を読み取れていないことがわかった、という報告は、実は他にも存在します。それが新井紀子（２０１７）です。ここでは、国立情報学研究所の調査で多くの中学生が教科書掲載レベルの文章を「正しく」読解できていなかったことがわかったことが明らかにされ、教育界を大きく騒がせました。この調査では、中学生が当該学年で使用している教科書の文の内容に対しての問いを設けました。それを中学生に解かせたところ、不正解者が続出したというのです。

この調査に関しては様々な批判もありますし、実は中学生だけでなく経済産業省の官僚などを含めた大人も間違えていたというデータもあることから、これをもって「今の中学生（だけ）が教科書が読めない」とはいえないかもしれません。

しかし、確かに文章内容を正確に読み取るということは、意外と昨今の国語教育では欠けてきたところかもしれません。これまでの文章を細かく区切って読んでいく指導法が批判されたことにより、文章全体を扱ったり、文章に対する評価的な読みを重視したりした授業の仕方が主流になってきています。

このような中、音読指導を見つめ直し、力を注ぐことはこれらの問題の解決策になり得ると私は考えています。音読は、子ども達の目を文に向けさせるからです。文をしっかり見て認識しなくては正しく音読はできません。しっかり音読指導を積み重ねていくと、子ども達は文の細かいところまでよく見るようになっていきます。例えば「助詞」などです。もちろん、音読指導に力を入れれば、それだけで万事解決するとは言い切れませんが、子ども達が一文一文をしっかり読み取るということに、音読指導はかなり寄与するというのが私の考えです。

注2　音読指導の意義を見つめ直すため、私は様々な角度から音読というものを見つめ直し、文献に当たりました。ここではその経緯を記述しておきます。

①これまでの学習指導要領における音読の位置付けられ方

初めに学習指導要領で音読がどのように位置付けられてきたかを見ていきました。このことに関して詳しいのが龍野（２０１３）です。同論文では、指導要領上への音読の位置付けの歴史を次の３つに区分しています。

○「音読退行の時代」：音読・朗読に関する記述が体系化されず、黙読の前段階として位置づけられた時代（昭和22年版～昭和33年版）
○「音読復権の時代」：音読・朗読に関する記述が体系化された時代（昭和43年版～平成１年版）
○「音読定着の時代」：音読朗読が読むことの中に（学習指導要領上は）定着する時代（平成10年版～現在）

このようにこれまでの学習指導要領での記載をたどっていくと、明らかな黙読重視、音読軽視の時代を経て、音読の価値は見直され、黙読と比べても決して軽んじられるべきものではないとされ、学習指導要領にも記載されるに至ったことがわかりました。そして、現行学習指導要領での音読の扱いは、基本的に「音読定着の時代」が継続していると見て間違いありません。

② 現行学習指導要領における音読の位置付け

次に、現行学習指導要領での音読の位置付けを見ていきました。学習指導要領（平成29年告示）にて、音読は「指導事項」と位置付けられています。同学習指導要領では、国語科の内容を「知識及び技能」「思考力、判断力、表現力等」に分けています。そして、音読が一見最も関わっていそうな「C　読むこと」は「思考力、判断力、表現力等」の中に位置づけられているにもかかわらず、音読は「知識・技能」に位置付けられています。ここでは、さらに詳しく指導要領及び解説の記述を見ていきます。同学習指導要領において、音読の学習内容は次のように書かれています。

> 第1学年及び第2学年
> ク　語のまとまりや言葉の響きなどに気を付けて音読すること。
> 第3学年及び第4学年
> ク　文章全体の構成や内容の大体を意識しながら音読すること。
> 第5学年及び第6学年
> ケ　文章を音読したり朗読したりすること。

また「小学校学習指導要領（平成29年告示）解説　国語編」（49頁）では、音読の機能について自分の理解を確かめること、自分の理解を表出することとまとめています。

これらの記述と先に述べた音読の指導事項の位置付けをあわせて考えると、同学習指導要領において音読は、「読むこと」の指導内容よりもさらに基礎的で広範囲的なことと捉えつつ、「表現」をしながら「理解」をするという、2面性をも持ちあわせた、非常に「幅の広い」学習だと捉えていることがわかります。

③ 一般社会から見た音読の意義

次に、教育という世界を一旦飛び出して、一般社会から「音読」というものの意義を見つめてみました。特に、2000年代初頭からの「音読ブーム」に関する情報を参照しました。2000年代初頭、「脳を鍛えられる」として、音読がブームになりました。その火付け役は川島（２００２）です。音読や計算は前頭葉を活性化し脳を鍛える効果があり、脳を鍛えれば他の脳活動も活性化される、という主張でした。この主張のもと、音読は一般に広がりを見せたのです。

また、齋藤（２００１）もこの「音読ブーム」をつくる大きな役割を担いました。齋藤（２００１）は日本から暗唱文化が消えつつあることを危惧し、名文を集め、これらを何度も声に出して読みながら暗唱することを提案しています。齋藤の主張は、「最高のものを型として反復練習し、自分の技として身につける。」（207頁）という言葉にあるように、音読を推奨するというよりも、名文を暗唱し型を習得したり、日本語の感性を養ったりするということに重きを置いていたものだと考えられます。しかし、「声に出して読む」という点においては暗唱も音読も軌を一にするので、この齋藤の主張も、音読の一つの効果例として「音読の意義」を検討する上で大いに参考になると思います。

④ 国語科教育学の知見から

国語科教育学の立場からは、主に荒木（１９８９）、龍野（２０１３）、松浦（２０１９）の３者による音読指導の意義、指導観に関する知見を見ていきました。

それらを整理したのが下の表です。それぞれの項目の中身は、読みやすいように簡素化しました。また、下にいくほど新しい意義、価値観がくるように配列しました。

興味深いのが、最下層に来ている２つの意義は、「音読そのもの」に意義を見出しているという点で共通していることです。しかし、実質的に実践は「言語感覚」の方に偏りがちであることがわかりました。

実践の場において感覚面に偏重しない指導を可能にするためには、音読が読む力としてどのような意義を持つのか」を考えていく必要があります。

⑤ 他の学問の知見から

音読の意義や効果に関しては、心理学など国語科教育学以外の分野の学問からも知見が示されています。音読指導実践が感覚面を重視したものに偏りがちだという課題は、国語科教育学以外の知見に学ぶことで解決の方途を見出せるのではないかと、私は期待しています。心理学を中心とする音読を研究対象としている他学問では、音読は黙読と比較しながら研究されることが多くあります。

田中敏（１９８９）によれば、読み手の年齢や習熟度との関連から整理すると、年齢が低く読む力が未熟なほど、黙読よりも音読の方が理解を促進する傾向が強いことは明

国語科教育における音読指導の意義	
「読む力」を伸ばす意義	「感覚的」な側面を伸ばす意義
・主に「理解」の側面 ・黙読の初歩段階としての位置付け ・音読することで理解を確かめたり、深めたりする ・音読する技能そのものが国語の学力である	・主に「表現」の側面 ・話すことの練習としての位置付け ・声に出して読むことでリズムを感じ取ったり、言語感覚を磨いたりする ・読み取ったことを朗読で表現する ・声に出して読むこと自体に価値がある

らかになっているようです。この知見は、特に小学校段階において音読指導を行うことの重要な意義付けになり得ると思います。

また、荻布・川崎（２０１６）では、音読（スラスラ読み上げる力）と学力とは相関関係にあるということをデータから導き出しました。そして、学力が低い層の方がその傾向はより強いということも明らかにしました。つまり、スラスラ読み上げるという意味での音読する力は、学力全体と大きく関わり、学力が低い子達ほど、音読する力も低いことがわかったのです。これは、先に挙げた「音読する技能そのものが国語の学力である」という捉えを裏付けるものになり得ると思います。

そして、高橋（２０１３）（102頁）では、読解能力の育成における音読の役割について、次のように述べています。

音読の流暢さと読解能力の間には高い相関があることは多くの研究から示されており、（中略）就学前の児童は話し言葉を使用し、就学後に書き言葉を使用するという言語発達の過程と照らし合わせると、書き言葉を理解する際にその文字の音の情報、すなわち音韻表象が重要な役割を担うことは想像に難くない。読解能力を習得させるためには、まず書かれた文字情報の音韻表象を生成して利用する過程の実行を促す必要があるだろう。

「書かれた文字情報の音韻表象を生成して利用する過程」とは、音読をすることに他なりません。音読が読解能力の習得過程に必要だという可能性を示唆しているのです。これは、「音読自体が学力として重要」だという裏付けにもなりますし、「読みの能力の発達における音読の役割」を説明していることにもなります。

おわりに

私が記した音読指導に関する書籍はこれで2冊目です。前著『クラス全員のやる気が高まる！　音読指導法―学習活動アイデア＆指導技術―』（明治図書）では、理論面に重きを置きつつ、具体的な指導法や実践の様子について述べました。

本書は、音読指導について多くのイラストを入れてわかりやすく、誰もが取り組めるようにということを意識して書かせていただきました。

また、本書では、三原則の音読を確実に指導していく方法（第3章）に加え、三原則の音読を離れて発展させていく指導法（第4章）についても述べました。特に、「朗読」の指導に関しては、前著に載せきれなかったので本書にて記すことができてよかったと思います。

２０２０年から続いてきた感染症対策の影響で、ここ数年は積極的な音読指導は行えずにいました。しかし、それも緩和されつつあります（２０２３年7月執筆時現在）。

今こそ、音読指導の復興の時です。国語科指導が得意な先生も、そうでない先生も、本書をきっかけに音読指導を改めて見つめ直していただければ幸甚です。

結びになりますが、本書でも学陽書房河野史香さんにご尽力いただき発刊に至りました。この場をお借りして御礼申し上げます。ありがとうございました。

土居　正博

◆参考文献

青木幹勇（1989）『音読指導入門』明治図書
荒木茂（1989）『音読指導の方法と技術』一光社
芦田恵之助（1987）『芦田恵之助国語教育全集 9巻』明治図書
市毛勝雄（1988）「音読指導」国語教育研究所編『国語教育研究大辞典』 明治図書
市毛勝雄（2002）「音読のねらいは進化している」教育科学国語教育2002年6月号 明治図書 5～7頁
市毛勝雄編（2009）『新国語科の重点指導第6巻 音読・朗読・暗唱の育て方』明治図書
犬塚美輪（2012）「国語教育における自己調整学習」自己調整学習研究会編『自己調整学習』 137～156頁 ・北大路書房
岩下修（2018）『岩下修の国語授業 国語力を高める究極の音読指導法&厳選教材』明治図書
大熊撤（1996）「音声言語教育研究一 音読・朗読教育の現在・過去・未来―」田近洵一編集代表『国語教育の再生と創造 21世紀へ発信する17の提言』 教育出版 86～99頁
荻布優子・川崎聡大（2016）「基礎的学習スキルと学力の関―学力に影響を及ぼす因子の検討：第一報―」 教育情報研究 第32巻3号 日本教育情報学会 41～46頁
桂聖編著（2011）『論理が身につく「考える音読」の授業―説明文アイデア50』東洋館出版社
桂聖編著（2011）『論理が身につく「考える音読」の授業―文学アイデア50』東洋館出版社
加藤忠史（2007）「「脳を鍛える」ブームの根底にあるもの」 教育学研究74巻2号 日本教育学会 152～161頁
川島隆太（2002）『朝刊10分の音読で「脳力」が育つ』PHP研究所
金田一春彦（1991）『日本語の特質』 日本放送出版協会
齋藤孝（2001）『声に出して読みたい日本語』草思社
杉澤陽太郎（2000）『現代文の朗読術入門』NHK出版
高橋俊三（1988）「発音・発声」国語教育研究所編『国語教育研究大事典』 明治図書 665～668頁
高橋俊三（1990）『群読の授業―子どもたちと教室を活性化させる』明治図書

高橋俊三（２００８）『声を届ける―音読・朗読・群読の授業』三省堂
高橋麻衣子（２００７）「文理解における黙読と音読の認知過程―注意資源と音韻変換の役割に注目して」教育心理学研究55号　日本教育心理学会　538～549頁
高橋麻衣子（２０１３）「人はなぜ音読をするのか―読み能力の発達における音読の役割」教育心理学研究61号　日本教育心理学会　95～111頁
高橋麻衣子・田中章浩（２０１１）「音読での文理解における構音運動と音声情報の役割」教育心理学研究59号　日本教育心理学会　179～192頁
竹田眞理子・赤井美晴（２０１２）「長文の音読と黙読が記憶に及ぼす効果―難易度の異なる散文と詩を用いて」和歌山大学教育学部教育実践総合センター紀要第22巻　81～85頁
龍野直人（２０１３）「音読の指導観に関する一考察―戦後国語科教育における音読・朗読・群読の位置づけから」信大国語教育第22巻　11～21頁
田中敏（１９８９）「読解における音読と黙読の比較研究の概観」読書科学33号　日本読書学会　32～40頁
田中光夫（２０１５）『音読指導のアイデアとコツ』ナツメ社
土居正博（２０２１）『音読指導法』明治図書
土居正博（２０２１）『国語科指導技術ニューノーマル』明治図書ウェブ連載
土居正博（２０２３）『国語授業の「常識」を疑え！』東洋館出版社
野口芳宏（１９８６）「音読の技術の伸ばし方・そのポイント」教育科学国語教育Ｎｏ369　明治図書　27～32頁
野口芳宏（２００２）「音読の技術を「指導」しよう」教育科学国語教育２００２年６月号　明治図書　8～10頁
八戸音読研究の会・左館秀之助編著（１９８５）『国語科授業の新展開19　授業を変える音読のすすめ』明治図書
花坂歩（２０１５）「「音読・朗読」概念の再構築―「フォーカス」に注目して―」『国語論集』12巻　北海道教育大学釧路校国語科教育研究室　12～20頁
藤原悦子（２００３）「谷川俊太郎『ことばあそびうた』の教科書参入―〈声〉・〈日本語共同体〉の増幅」横浜国大国語教育研究18号　横浜国立大学国語教育研究会　33～51頁

藤原宏他（１９７６）「昭和50年度小学校教育課程研究発表大会集録　国語部会」初等教育資料336　東洋館出版社　29～53頁
松浦年男（２０１９）「小学校国語科における音読教育の目的と効果―文献レビューによる検討―」北星学園大学文学部北星論集第56巻第2号（通算第69号）　25～42頁
文部科学省（２０１７）「小学校学習指導要領解説国語編」
山口政之（２００９）「音読指導における〈教育的タクト〉の考察―読み間違いに対する即興的支援のあり方―」全国大学国語教育学会大会研究発表要旨集117号　全国大学国語教育学会　250～253頁
山口政之（２０１１）「音読学習時の読字行為に関する考察」上越教育大学国語研究25巻　51～62頁
山田将由（２０１６）『音読指導入門　アクティブな活動づくりアイデア』　明治図書

著者紹介

土居 正博（どい・まさひろ）

1988年、東京都八王子市生まれ。創価大学教職大学院修了。川崎市公立小学校に勤務。東京書籍小学校国語科教科書編集委員。国語教育探究の会会員（東京支部）。全国大学国語教育学会会員。全国国語授業研究会監事。「第51回わたしの教育記録」（日本児童教育振興財団）にて「新採・新人賞」受賞。「第52回わたしの教育記録」にて「特別賞」を受賞。「第67回読売教育賞」にて「国語教育部門優秀賞」を受賞。「教育科学　国語教育」（明治図書）、「教育技術」（小学館）、「子どもを「育てる」教師のチカラ」（日本標準）などに原稿執筆多数。著書に『クラス全員に達成感をもたせる！　1年生担任のための国語科指導法―入門期に必ず身につけさせたい国語力―』『教員1年目の教科書　初任者でもバリバリ活躍したい！　教師のための心得』（ともに明治図書）、『イラストでよくわかる！　漢字指導の新常識』『子どもの聞く力、行動する力を育てる！　指示の技術』（ともに学陽書房）などがある。共著に『「めあて」と「まとめ」の授業が変わる「Which型課題」の国語授業』（東洋館出版社）などがある。

イラストでよくわかる！　音読指導の新常識

2023年9月28日　初版発行

著　者――――土居《どい》 正博《まさひろ》
発行者――――佐久間重嘉
発行所――――学 陽 書 房
〒102-0072　東京都千代田区飯田橋1-9-3
営業部――――TEL 03-3261-1111／FAX 03-5211-3300
編集部――――TEL 03-3261-1112
http://www.gakuyo.co.jp/

ブックデザイン／スタジオダンク
2章・カバーイラスト／尾代ゆう子　3～5章イラスト／坂木浩子
DTP制作／越海辰夫　印刷・製本／三省堂印刷

ISBN978-4-313-65491-4 C0037